EL CAMINO DE LA MADRE TERESA

EL CAMINO DE LA MADRE TERESA

Grupo Editorial Tomo, S.A. de C.V.,
Nicolás San Juan 1043,
03100, México, D.F.

1a. edición, noviembre 2009.

© *El camino de la madre Teresa*
Juan Pablo Morales Anguiano

© 2009, Grupo Editorial Tomo, S.A. de C.V.
Nicolás San Juan 1043, Col. Del Valle
03100 México, D.F.
Tels. 5575-6615, 5575-8701 y 5575-0186
Fax. 5575-6695
http://www.grupotomo.com.mx
ISBN-13: 978-607-415-128-2
Miembro de la Cámara Nacional
de la Industria Editorial No 2961

Diseño de portada: Karla Silva
Formación tipográfica: Juan P. Morales A.
Supervisor de producción: Leonardo Figueroa

Impreso en México - *Printed in Mexico*

Índice general

LA MADRE TERESA DE CALCUTA

PRÓLOGO

En estos días en los que la vida arrastra a la humanidad a una vorágine de locura y autodestrucción, hemos llegado a un punto crucial en nuestra existencia como civilización. Nos preocupamos por cosas que podemos obtener con dinero para embellecer nuestras casas y a nosotros mismos, pero nos hemos olvidado de las cosas que realmente son importantes y que no cuestan un solo centavo: el amor y el espíritu.

Resulta sumamente difícil poder llevar una vida tranquila debido al ritmo de nuestros días, y ni siquiera podríamos pensar en que los demás sufren y sienten como nosotros, pues nos encontramos tan embebidos en nosotros mismos que no estamos dispuestos a voltear alrededor y tomar en cuenta nada de lo que nos rodea.

Pero de toda la oscuridad en la que nosotros mismos nos hemos sumergido, surgió una potente luz que iluminó al mundo entero con su amor, bondad, desapego y sabiduría. Una mujer cuya apariencia podría significar muy poca cosa, pero la fuerza que emanaba de su interior la hacían verse más grande que cualquier bandera, país o frontera. Sus brazos eran dos enormes ramas, fuertes y trabajadoras donde nacían frutos para cualquiera que tuviera hambre o sufrimiento.

Se codeó con la realeza, las estrellas de la farándula y demás personajes célebres pero ninguno de ellos logró siquiera opacar un poco su enorme brillo. Su nombre fue Inés Gonxa Bojaxhiu, así la llamaron sus padres y con ese nombre creció. Como una divina mariposa pasó gran parte de su vida dentro de un capullo de sufrimiento y amor hasta que al salir se convirtió en un ser iluminado por Dios, en una mujer que tendría millones de hijos, por lo que tomó el nombre de Teresa, Madre Teresa de Calcuta.

Podríamos seguir hablando y alabando a la mujer, al personaje histórico y religioso en el que se convirtió, sin embargo, preferimos permitirle a usted, amable lector, que se llene de esperanza y amor al conocer la vida de esta admirable mujer. Así que pasemos ahora a la historia que nos trajo hasta aquí con la esperanza de que logre tocar su vida y su corazón como lo ha hecho con millones de personas en todo el mundo.

CAPÍTULO I

UNA NIÑA LLAMADA INÉS

El 26 de agosto de 1910, el hogar formado por Nikollë y Drana se llenó de alegría por tercera vez, habían traído al mundo a la pequeña Inés Gonxa Bojaxhiu. La familia formada por los felices padres tenía la fortuna de vivir desahogadamente ya que el padre poseía un negocio de materiales de construcción que trabajaba en sociedad con un italiano.

Habían procreado a dos hijos antes de la recién nacida, una damita a la que llamaron Age quien era cinco años mayor que Inés y un varón al que llamaron Lázaro y nació dos años después que la primogénita. Esa ciudad que los vio nacer fue la provincia de Skoplje (Macedonia). Esta localidad tiene una historia sumamente tormentosa y conflictiva pues formaba parte de Albania, que hasta principios de el siglo pasado había estado bajo el dominio de los turcos, pero al independizarse de estos, tres naciones más se interesaron por apropiarse esa región: Bulgaria, Grecia y Serbia. Sin embargo, los turcos no desistían completamente de la idea de permitir la independencia de esta región.

La llegada de la primera Guerra de los Balcanes solucionó la disputa entre las tres naciones interesadas pues la región quedó dividida en tres partes, dejando de esa forma con las manos vacías a los turcos. Pero aun no terminaban ahí las peripecias internaciones de Albania, pues con la Primera Guerra Mundial, los grupos eslavos comenzaron a organizarse políticamente y de esa manera nacieron los reinos de los eslovenos, croatas y serbios. Asimismo, incorporaron en Serbia a la república yugoslava de Macedonia, que en el año de 1929, dicho reino se convierte en Yugoslavia.

Los búlgaros se adueñaron de una importante parte de esta joven nación, mientras que el resto del territorio se los repartieron los alemanes, húngaros e italianos. Esta región ha estado marcada por los conflictos armados entre civiles, por lo que después de una larga batalla entre los mismos yugoslavos terminaron poniendo en el poder a un dictador comunista de nombre Tito. Y es así como Macedonia queda incorporada a esta conflictiva nación.

La Macedonia yugoslava tiene como capital a la ciudad de Skoplje, ciudad natal de la mujer que traería luz de paz al mundo.

Es muy significativo que en esta región del mundo, donde hasta la fecha los enfrentamientos armados son cosa de todos los días y cuyas calles semidestruidas han sido regadas con la sangre de familias enteras, haya nacido la figura religiosa más importante de nuestros días. En medio de un campo lleno de hollín y sangre, nació la flor más hermosa para regalo de Dios al mundo.

LAS PRIMERAS DESGRACIAS

La minoría albanesa en Skoplje es de religión musulmana, pero Nikollë Bojaxhiu y su familia eran católicos, lo cual resultaba sumamente complicado ya que los seguidores de Jesús de Nazaret eran muy pocos. Pero esto no le importaba a este admirable hombre, pues era de carácter decidido y de fuertes convicciones, por lo que no solía doblegarse ante las adversidades. Pertenecía a un grupo que luchaba por la liberación de Macedonia del dominio turco y defendía el sueño de su anexión a Albania.

Esta posición política fue la posible causa de su muerte pues cierto día al regresar de una de las juntas políticas de dicho grupo, comenzó a sentir que su salud se deterioraba rápidamente, por lo que fue a dar hasta el hospital. Los doctores informaron que resultaba imperativo realizarle una intervención quirúrgica al día siguiente, pero desafortunadamente murió en la misma. Los doctores no pudieron salvarle la vida y se sospecha que fue envenenado durante la asamblea.

Desde niño había sido un hombre trabajador y ahora gozaba de una posición económica envidiable, pues después de mucho tiempo de romperse la espalda había logrado establecer un importante negocio de materiales de construcción, mismo que poseía en sociedad con un italiano. Ahora disfrutaba un nivel de vida despreocupada, hasta poseía dos casas con enormes jardínes donde jugaban sus hijos. Pero ahora la muerte de Nikollë cambiaba todo el panorama para esta familia que de golpe había perdido su cabeza y sustento. Drana, su esposa, se veía súbitamente a cargo de tres pequeños y sin el apoyo de su amado marido, pero las preocupaciones estaban por comenzar, pues el italiano decidió liquidar la sociedad.

El ingreso económico al que estaban acostumbrados había cambiado drásticamente. Resultaba imperativo buscar una solución para la nueva realidad financiera de la familia y Drana decide ponerse a trabajar. Es en este periodo de la vida de estas personas donde se comenzaría a fraguar el destino de una de ellas, pues la madre buscando consuelo para su sufrimiento y apoyo para sus hijos comenzó a acercarse más a la religión. Su búsqueda espiritual la motivó a llevar a sus hijos al santuario mariano de la Virgen de Letnice, donde la más pequeña de sus hijas, Inés, comenzó a mostrar un especial gusto por los servicios religiosos que ahí se celebraban, denotando un interés enorme por permanecer sola durante la celebración de la misa y demás oficios religiosos.

Esta actividad se hizo más notable debido a que el hogar de la dolida familia se encontraba justo al lado de la parroquia del Sagrado Corazón, por lo que todos los días intervenían en las actividades de dicha iglesia.

La pequeñita solía pasar largo tiempo en contemplación y en silencio en esa iglesia, lo que llamó poderosamente la atención del sacerdote Frnajo Jambrekovic y alimentó el interés de la niña proporcionándole historias de misioneros. Este religioso fue una gran influencia en la etapa más difícil de la niña que había perdido a su padre a los nueve años, pues con su comportamiento y disciplina le brindó un gran ejemplo a Inés. Solía repetirle frecuentemente a la futura religiosa: "En esta vida, cada quien debe seguir su propio camino".

EL LLAMADO DE DIOS

Aún no había cumplido los doce años cuando me llenó el deseo de convertirme en misionera.

Sin saberlo, la semilla del servicio al prójimo en desgracia había sido sembrada en el alma de Inés, misma que sería alimentada por las cartas de dos

13

misioneros jesuitas que habían viajado a la India para llevar el mensaje de Dios y su ayuda a los seres humanos más desprotegidos de aquella nación, por lo que debido, tal vez, a la lejanía, los dos religiosos escribían extensas cartas detallando su labor y vida por aquellas místicas ciudades. Aquellos relatos comenzaron a llenar la imaginación y el corazón de la pequeña niña que aún no había cumplido los doce años.

Dios había escogido bien a su sierva, la había colocado en un hogar amoroso, y aunque el sufrimiento las había tocado, su corazón seguía siendo generoso y piadoso. Inés decidió ingresar a la congregación mariana de las Hijas de María, la cual tenía una filial en la parroquia del Sagrado Corazón que estaba justo al lado del hogar de la fervorosa familia.

A partir de ese día, la casa de Inés se convirtió en destino obligado de todos los pobres que pasaban por la parroquia; allí la familia los acogía con enorme cariño y les dedicaban gran parte de su tiempo, y aunque la economía de la casa no era buena, siempre se las ingeniaban para poder compartir todo aquello que el Señor les brindaba, pues cuando salían de ahí nunca se iban con las manos vacías. Sin duda alguna, Inés comenzaba a ser una herramienta divina y Dios no la dejaba sola en ningún momento, pues recordemos que su madre tuvo que empezar a trabajar para poder mantener a sus tres hijos después de la muerte de su esposo y de que el socio de éste decidiera liquidar la compañía que poseía en sociedad, así que era asombroso la forma en que lograban hacer rendir lo poco que Drana lograba llevar a su hogar.

Debemos recordar también que Inés había comenzado desde muy pequeña a orar, es decir, a tener comunicación con Dios, y años más tarde dejaría huella de esto en sus enseñanzas:

C3❧80

Todo en esta vida empieza con sólo una oración. Si no pedimos a Dios que nos brinde amor, nunca podremos poseer ese sentimiento y mucho menos estaremos en posición de otorgárselo a los demás. Veamos que en nuestros días muchas personas hablan acerca de los pobres, sin embargo, ninguna de esas personas en verdad los conoce. Por lo tanto tampoco nosotros podemos hablar acerca de la oración si aún no sabemos como orar.

C3❧80

En sus primeros momentos de contemplación en el santuario mariano de la Virgen de Letnice había comprendido la importancia de lograr una comprensión integral de la conexión con nuestro Creador:

C3❧80

Es posible para nosotros poder observar en las casas modernas que la luz eléctrica está a nuestra disposición y podemos encenderla con tan sólo presionar un botón. Sin embargo, si la instalación no se encuentra conectada a la fuente de energía principal, entonces por más que queramos no habrá luz. Esto es exactamente lo mismo que sucede con la fe y la oración, son la conexión directa con Dios, así que cuando lo logramos, entonces y sólo entonces tendremos esa gracia.

CRBO

El tiempo fue pasando y el fervor religioso de Inés fue afirmándose en su corazón, ahora se encontraba plenamente convencida del camino que debía seguir, tal y como su amigo el sacerdote Frnajo Jambrekovic se lo había dicho unos años atrás :"En esta vida, cada quien debe seguir su propio camino".

Ahora había llegado el momento, recién cumplía los dieciocho años y debía tomar la decisión más difícil e importante de su vida, seguiría el camino marcado para ella por Dios. Quedarían atrás las ilusiones y preferencias que las jóvenes de su edad suelen tener para tomar las riendas de su vida y llevarla en dirección del sacrificio así como el amor al prójimo.

Fue de esta manera como decidió presentar su solicitud para ser admitida en la orden de Loreto, pues de viva voz de su amigo el sacerdote se había enterado que esa misma congregación viajaba a la India para cumplir con la labor de misioneros. Ahora se encontraba ante el sueño de toda su vida pero el destino le preparaba otra sorpresa.

Corría el año de 1928 cuando en compañía de su madre y hermana tomaron el tren hasta la localidad de Zagreb, fue ahí donde se verían por última vez, pues Drana y Age se mudaron la capital de Albania, la ciudad de Tirana, pero una vez que la Segunda Guerra Mundial terminó, en Albania subió al poder un régimen comunista, por lo tanto la religión católica era considerada enemiga del estado, así que Inés no podía entrar en dicho país y los familiares de ésta no lograron obtener el permiso para abandonar la nación. Así que nunca más volvió a verlas aunque Lázaro había salido del país antes de la conflagración mundial, por lo tanto había logrado quedar fuera del cerco comunista que ahora ahogaba a su país y a su familia. El gran sufrimiento que esto le produjo nunca la abandonó, sin embargo mostró resignación pues sentía que era una prueba más por la que Dios la hacía pasar.

Aunque siguió luchando por la posibilidad de reunirse con su madre y hermana, había logrado encontrarse con Lázaro en Roma y juntos sumaban sus esfuerzos para lograr el sueño de volver a estar todos juntos; ella sería la fuerza y soporte de su hermano cuando la desesperación se adueñaba de él, ella solía darle palabras de aliento haciéndole recuperar la fuerza. Pero en 1972 la desgracia se volvía a presentar en la vida de la religiosa, había llegado el turno de su madre para reunirse con el Creador; corría el mes de julio cuando estando ya en su amada Calcuta recibió la trágica noticia.

Esta pérdida la llenó de tristeza, pero la fuerza que le daba la comunión con Dios le permitió permanecer entera ante esta adversidad y mostrando la entereza que la caracterizaba sólo dijo:

ભ&ળ

Siempre recordaré a mi madre
por el resto de mis días.

ભ&ળ

La muerte volvería a cruzar el camino de esta sufrida familia y el año de 1975 fue requerida la presencia de Age a la derecha del Padre y seis años después fue el turno de Lázaro. De esta forma ahora se quedaba sola en el mundo, sola con sus millones de hijos a los que dedicaba cada uno de los minutos de su vida. Podemos apreciar el grado de su sumisión a la voluntad divina en sus palabras:

ભ&ળ

Debemos estar completa y absolutamente
seguros de permitir que la gracia de Dios se
imponga a nuestras almas aceptando lo que Él
nos brinde, y ofreciéndole lo que Él decida tomar
de nosotros. La verdadera santidad sólo se puede

encontrar al realizar la voluntad de Dios con
una sonrisa en los labios.

CS&O

¡Qué gran lección nos brinda con el ejemplo y sus palabras! ¿Cuántos de nosotros nos quejamos por cualquier nimiedad? E incluso llegamos a pedirle a Dios que nos de los números del premio mayor de la lotería o el orden en que llegarán los caballos en la próxima carrera. La Madre Teresa también nos dice algo acerca de esto:

CS&O

Nunca debemos intentar controlar los deseos
de nuestro Señor. No debemos ir por ahí
contando cada una de las situaciones que nos
hace pasar durante nuestro camino y mucho
menos debemos desear una percepción clara y
comprobada de cuanto hemos logrado avanzar en
el mismo. De esta forma nunca sabremos dónde
estamos exactamente en el camino a la santidad.
Vuélvete un ser santo. Todos y cada uno de
nosotros tiene esa capacidad y derecho y el único
camino a la santidad es la oración.

CS&O

COMIENZA EL PEREGRINAJE

ᚳᛤᛡᚩ

*Somos en verdad tan pequeños y vemos las
cosas a la misma escala. En cambio Dios, siendo
todopoderoso ve todo lo que hacemos de una
manera grandiosa. Es por eso que, aun si tú
escribieras una carta que algún ciego te dictara o
sólo te sentaras ahí y lo escucharas o la llevaras
al correo; o si visitaras a alguien o le llevaras una
hermosa flor a una persona — cosas pequeñas —,
o lavaras las ropas de alguien, o le limpiaras su
hogar, trabajos muy humildes, es en ese lugar y
momento en el que tú y yo debemos estar. Pues
existen muchísimas personas que pueden hacer
grandes cosas, pero realmente muy pocas que
harían las cosas pequeñas.*

ᚳᛤᛡᚩ

Después de haber abrazado la vida religiosa
al someterse a la Orden de Loreto, comienza el
peregrinaje de esta increíble mujer por el mundo
y a favor de todos los seres humanos que la nece-
sitaban.

Dará inicio a un viaje que la llevará a la región
del mundo donde dedicará su vida en pro de los
desprotegidos, hambrientos, enfermos y todo
aquel que necesitara consuelo: Calcuta. La travesía

comenzó en Viena, y de ahí viajó a Berna, París, Londres, Dublín y finalmente a Rathfannham.

Es en esta localidad donde tiene su sede la Orden mencionada, la casa general de la Orden de las Hermanas de Nuestra Señora de Loreto. A su llegada sus futuras compañeras se sintieron conmovidas por la gran fuerza interior que de Inés emanaba, por lo que inmediatamente la acogieron como si fuera una vieja conocida.

Ahora inicia realmente su preparación religiosa para los tiempos por venir, además comienza a estudiar lo necesario para convertirse en maestra de la prestigiada St. Mary High School. Tras pasar unos meses en Irlanda realizando su preparación, llega el momento de partir, su siguiente destino es la India, específicamente la ciudad de Calcuta.

෭෨

No nos alejamos, sino que simplemente ejercitamos el vagabundo espíritu del abandono. No poseemos nada en que vivir, sin embargo vivimos espléndidamente, no poseemos nada en que andar, sin embargo andamos valerosamente; no poseemos nada en que apoyarnos, pero sin embargo, podemos apoyarnos en Dios confidentemente.

Porque nosotros le pertenecemos y el Él es nuestro padre generoso.

CAPÍTULO II

LAS HERMANAS MISIONERAS DE LA CARIDAD

಄

Somos pobres por elección propia, para poder estar al lado de todos aquellos que no tienen otra opción más que ser pobres. Es así como le damos la oportunidad a Cristo de que se una en la pobreza con ellos. Es nuestro lema poder contemplar en este mundo al Cristo pobre. Ser Cristo para los desposeídos. Nuestra inspiración es la pobreza, el amor y la compasión. Una misionera de la caridad debe, además de servir a los pobres, renunciarse de manera total a Dios y confiar con los ojos cerrados en sus compañeras.

಄

UN BREVE VISTAZO A LA INDIA

La India es el segundo país más poblado del mundo (después de la República de China), con 1 100 millones de habitantes —aunque esta información se estimó en el año 2004—, y su *collage* cultural incluye más de cien lenguas distintas.

Con una extensión territorial de 3 287 590 km² ocupa el séptimo lugar en la lista de los países más extensos del planeta.

Su vasto territorio encuentra sus límites al oeste con Pakistán; Nepal, Bután y China al noreste; y con Myanmar y Bangladesh al este. Cerca de sus costas en el Océano Índico se encuentran las islas de Ceilán o Sri Lanka y las Maldivas.

Así como en lo cultural es un amplio crisol, en la religión también ocurre la misma situación. Es importante mencionar que muchas de las religiones que mencionaremos a continuación son casi exclusivas de la India:

* *El hinduismo es por un amplio margen la primera religión de la India, pues cuenta con 878 millones de fieles que significan el 79,8% de la población.*

* *El Islam es una fuerte religión en la India pues cuenta con casi 150 millones de fieles que significan el 13,7% de la población, lo que convierte a esta nación en el tercer país musulmán del mundo justo después de Indonesia y Pakistán.*

• El cristianismo cuenta con cerca de 25 millones de cristianos que significa aproximadamente el 2,5% total de la población, de los cuales la ciudad de Kerala alberga a una de las comunidades cristianas más antiguas del mundo llamada los malabares nestorianos.

• El sijismo es una religión que vio sus primeros días en la India y cuenta con aproximadamente 18 millones de fieles, lo que significa el 2,1% de la población. La región del Punjab es donde se encuentra la mayor concentración de estos fieles.

• El budismo es una corriente religiosa que merece una mención especial, pues después de que cerca del siglo X casi había desaparecido por completo, en el año de 1954 encuentra un renacimiento en la persona de Bhimrao Ramji Ambedkar quien logra una conversión masiva de los habitantes más pobres de la India y a quienes se les considera como intocables (dalits), y que bajo el nombre de vipasana hacen resurgir al budismo de una forma impresionante.

Actualmente el número de budistas en la India es de 7,5 millones de personas, lo que significa el 0,8% de la población. El auge de esta religión también se debe a que muchos de los tibetanos que fueron desplazados por la invasión china de su país vinieron a la India y siguieron cultivando su fe.

• El jainismo es una religión nacida en la India y que cuenta con aproximadamente entre 3 y 4 millones de fieles, lo que significa el 0,5% de la población. La región de Maharashtra cuenta *con la mayor concentración de estos seguidores religiosos.*

• *Por el lado contrario, la comunidad Pârsî casi ha desaparecido por completo, de la misma forma que lo hicieron los ajîvika y muchas otras religiones.*

Aunque la religión debería ser sinónimo de paz y amor entre los seres humanos, la existencia de tantas corrientes religiosas en un solo país a veces trae complicaciones. En 1947, los musulmanes e hinduistas protagonizaron violentas peleas debido a los intercambios obligados de población entre las naciones de la India y Pakistán.

El hecho violento más reciente sucedió en 1992, cuando la destrucción de la mezquita de Ayodhya marcó en inicio de una serie de enfrentamientos entre estas dos religiones, sobre todo en Bombay, terminado con un saldo rojo de más de 4 000 muertes en toda la nación.

Desde el nacimiento de la India como nación, la agricultura ha sido la piedra angular de su economía. Tan es así, que el arroz es el recurso más importante de regiones como: Bombay, Malabar, Bengala y Vira. Mientras que el trigo, es el baluarte económico de la región del noroeste. La riqueza forestal de este país es importante en maderas preciosas como la teca, el palo rosa, el sándalo y, también, el bambú. La ganadería ocupa un lugar primordial; pues con 176 900 000 cabezas de ganado bovino, cuenta con la mayor existencia de cabezas, lo cual se debe también a que no pueden consumir su carne debido a que las vacas son animales sagrados para los hinduistas. Los búfalos llegan a los 55 millones de cabezas y son utilizados principalmente en las labores del campo.

Esta es la nación resultante de un proceso violento, doloroso y a la vez admirable de independencia del imperio británico, mas cuando la Madre Teresa arribó a esas tierras, la India no era ni la sombra de lo que es actualmente, pues la miseria, la discriminación y deshumanización de sus habitantes la hacían una región sumamente hostil y difícil. Aunque debemos recordar el paso por este país de Mahatma Gandhi y el despertar de conciencia que logró con su importante movimiento.

UN ÁNGEL EN CALCUTA

El viaje hacia la India sería por mar y llevaría un mes y una semana llegar hasta ahí. Como si el mar supiera el sufrimiento que la religiosa encontraría en esa nación y todo el trabajo que le esperaba, le ofrecía hermosos amaneceres e imponentes atardeceres, cálidos ungüentos para fortalecer el alma de la mujer que llevaría una luz de esperanza no sólo a ese místico país sino a todo el mundo.

El Señor se encargaría de colocar a Inés en el camino correcto para realizar la obra para la cual la tenía destinada. A su llegada a la India, la joven religiosa debía tomar un tren hasta la localidad de Darjeeling donde recibirá una importante señal del Creador, pues al subir al tren se topa de golpe con la realidad de este sufrido país.

Las familias son numerosas y los vagones van llenos a tope de personas que viajan con todo lo que poseen en esta vida, ya sea un pequeño bulto conteniendo algunos harapos y algo para matar el insoportable y cotidiano hábito de comer o una maleta con algunos artículos de casa y lo poco que poseían de ropas. Ahora, rodeada de personas que no tienen esperanza de una vida mejor, que no saben si el día de mañana podrán contar y con algo que llevarse a la boca y que se han resignado a que la vida sólo sea fechas en un calendario y con la esperanza de que las hojas caigan con mayor velocidad para poder acabar con el sufrimiento de manera más rápida y digna.

Es ahí donde la religiosa siente que Dios le pide que dedique su trabajo a llevar luz a la vida de estas personas sumidas en la más espesa de las oscuridades. Sin embargo, por el momento sólo era un miembro más de su congregación, una monja sujeta a las decisiones de sus superiores, por lo que como tal debía comenzar y acatar sus obligaciones.

Su primera ocupación fue la de dar clases de urbanidad a niñas de alta sociedad en una escuela que pertenecía a la congregación localizada en Darjeeling.

Ahí comienza su lucha por la igualdad entre los seres humanos, pues después de mucho insistir a su superiora, una monja mauritana que era la directora de Enthaly y que la había tomado como protegida, logra su autorización para poder introducir a dicha institución educativa a niñas de escasos recursos.

Es importante mencionar que esta localidad se encuentra cerca de Calcuta, y en esos tiempos se había convertido en un importante destino de veraneo, lleno de elegancia y lujos para aquellos que podían pagarlos, por lo que siempre se podía encontrar en sus centros de esparcimiento y sus calles a los miembros de las más altas esferas sociales británicas (que en ese periodo tenían el dominio de la India) e hindúes. Tras lograr la autorización de su superiora, toma a veinte jovencitas del barrio más pobre de esa localidad, un lugar llamado Moti Sheel, y las introduce en la escuela del convento.

Comenzó con todo su empeño a intentar educarlas, todas las materias académicas resultaban difíciles para estas mujercitas que habían vivido en el total desamparo de la sociedad y que ahora se veían sentadas frente a una mesa montada en forma y luchando por utilizar los cubiertos de forma correcta cuando toda su vida habían utilizado sus manos para comer, y eso, cuando lograban tener algo que llevarse a la boca.

Pasaría un año y la deserción de dieciocho de ellas para convencer a la Madre Teresa de que ese no era el camino adecuado para ayudar a las personas, pues las jovencitas no podían adaptarse a la educación debido a que el entorno en el que vivían era completamente diferente, no podía entender que los modales fueran prácticos en un lugar donde a veces había que pelear por salvar la propia vida.

Todo esto lleva a la Madre Teresa a entender que su labor no estaba dentro de un salón de clases, sino en las calles donde habita la desgracia y la desolación. Debe introducirse hasta el fondo en los barrios bajos donde realmente es necesaria su ayuda y dedicación, así que pone su atención en la llamada "antesala del Infierno", la ciudad de Calcuta.

CAPÍTULO III

LA ANTESALA DEL INFIERNO

Antes de ahondar en la labor de la Madre Teresa en esta ciudad, primero demos una vuelta por sus calles para conocer un poco más de este terrible y desesperante lugar. Comenzaremos diciendo que la esperanza borró de su mapa esta región ubicada en un terreno bajo y lleno de pantanos, donde el clima húmedo y las constantes lluvias lo convierten en un lugar ideal para cuanta epidemia la muerte tenga a bien desatar. El calor asfixiante y húmedo de ese clima hace que la ropa se pegue desagradablemente a la piel en una incómoda mezcla de sudor y hediondez.

Las paredes de las humildes y descuidadas construcciones muestran ya el paso del tiempo y la miseria, que pasan tallando con sus fieras garras todas las paredes llevándose entre las uñas pedazos de la desgastada pintura y a varias personas que se han convertido en parte del lastimero paisaje.

El número de personas que mal vive en esa ciudad supera a los catorce millones, donde las viviendas son más escasas que los sueños y una moneda recibida en limosna conforma la posibilidad de engañar al hambre ese día. Las autoridades han recomendado a los turistas que no den limosna para evitar que los mendigos en su desesperación se arremolinen en torno a ellos y de esta forma no obstruyan el paso de los automóviles en las miserables calles.

Las prostitutas adornaban las calles como marchitas flores que la vida olvidó regar, mientras que los menos afortunados yacen en las aceras conviviendo con ratas que de vez en cuando los toman por alimento y muerden sus carnes sin que a nadie le importe la suerte que puedan correr.

La desesperación es grande y cada uno debe ver por los suyos mientras la vida lo permita. La muerte se pasea alegremente por las malolientes calles de Calcuta, recogiendo a diestra y siniestra a quienes han perdido la suerte y se rinden por voluntad propia o ajena a seguir viviendo.

El hambre tiene a los niños tan débiles que no tienen fuerzas para siquiera soñar que juegan, y los que pueden hacerlo corren como para espantar la horrible sensación del vacío en el estomago que produce el no haber comido nada en varios días.

Como mencionamos anteriormente, la India es un país sumamente tradicionalista, rígido en cuanto a sus costumbres y roles sociales se refiere, es por eso que la mayoría de los habitantes de esa urbe solían ser considerados como "intocables". Ese es en pocas palabras el aspecto de la ciudad que la Madre Teresa tomaría como propia para dedicar su vida a sus derruidos habitantes.

En cierta ocasión, se encontraba dentro de su convento en dicha ciudad ejerciendo como maestra, debía realizar unas diligencias en el exterior por lo que después de solicitar el permiso cruzó las puerta del que en ese momento era su hogar. Al salir se encontró con una realidad mucho más dura de lo que suponía, esa realidad le calaba hasta los huesos y se metió en su mente al grado de que no pudo pensar en nada más que eso.

Ahora sabía que debía ponerse en acción, así que volvió a solicitar permiso a sus superiores, pero ahora deseaba recorrer toda la ciudad, así que tras conseguirlo se puso en marcha. Calle tras calle y persona tras persona le iban reforzando la acertada convicción de que ahí era donde su presencia era necesaria, no detrás de un escritorio o confinada a un salón de clases.

En esos cruciales momentos comenzó a crecer en su interior la inquietud de salir de la congregación que hasta ese momento la había llevado por el camino de Dios y comenzar una nueva; otra vez volvía a escuchar en su cabeza las palabras del jesuita: "En esta vida, cada quien debe seguir su propio camino".

Aunque sabía que lo mejor para ella y su labor era abandonar la congregación, también sabía que debía de hacerlo de la manera correcta, pues siempre fue muy respetuosa del protocolo y normas de la Iglesia, por lo que lograr el permiso necesario no iba a resultar un asunto sencillo.

Fue en 1940 cuando el arzobispo de Calcuta recibió la solicitud de la Madre Teresa, aquel hombre era también jesuita como su amigo en su tierra natal, por lo que simpatizó con la causa de la religiosa, sin embargo, eso no era suficiente, pues también debía tomar en cuenta a las más altas autoridades eclesiásticas en Roma.

Es conocido en todo el mundo que los trámites burocráticos nunca son ágiles, así sean civiles o religiosos, por lo que hasta el año de 1948, Roma envío la resolución a la petición de la religiosa diciéndole que había sido concedido el permiso de abandonar la congregación. Durante esos ocho años nunca interrumpió sus salidas a socorrer a los afligidos, pues cada vez que sus superiores le permitían abandonar el convento, lo hacía llevando algunas vendas y material de curación, pero sobre todo, llevaba mucho amor y un gran espíritu de cumplir la voluntad de Dios. La ayuda médica que brindaba por supuesto no era suficiente, pues los escasos recursos de la congregación no le permitían hacer más, pero lo que le faltaba de medicinas lo cubría con amor y compasión haciendo que fuera suficiente remedio para los que acudían a ella.

Fue el día 12 de abril, ocho años después de haber iniciado el trámite ante Roma cuando recibió la autorización del Vaticano para dejar a los que hasta ese momento se habían convertido en su familia. Podía dejar la congregación pero bajo algunos requisitos que era imperativo cumplir, como que mantuviera su relación con Roma al conservar sus votos religiosos.

Ahora se encontraba libre y con mucho trabajo por delante, pero no podía empezar así nada más, debía prepararse para poder ofrecer un verdadero auxilio médico a los enfermos (que eran bastantes) de Calcuta, así que se inscribe en un curso relámpago en la Medical Missionary Sisters. Dicha institución se encontraba en la cerca ciudad de Patna, por lo que tuvo que trasladarse para allá.

Tras cavilar un tiempo en la forma que debía iniciar su labor, se percata de que no puede empezar de cero, por lo que comienza realizando algo que ya tiene dominado, así que después de unos días de haber regresado a la terrible ciudad hindú, funda una pequeña y humilde escuela. El lugar donde decide comenzar fue muy significativo, pues fue uno de los barrios con mayor índice de pobreza en toda la ciudad.

El primer día de clases su pequeña escuela recibió la motivadora cantidad de veinte alumnos, pero al día siguiente, ella no podía creer lo que veía, frente a su puerta se encontraban cuarenta personas que deseaban recibir educación.

Esto sin duda fue una señal de Dios para decirle que no había errado el camino, que debía de tener fe y paciencia en que tarde o temprano el resultado sería el deseado.

Mientras tanto, ella no gozaba de las comodidades que había dejado atrás en el convento, ahora no tenía un lugar confortable para dormir, pero nada de eso le preocupaba, pues si los mendigos de la calle podían resistir vivir tan miserablemente, ella debía poder también, y así lo hizo.

Ella comprendía perfectamente la necesidad de llevar a cabo su labor de esta manera, incluso sacrificando su seguridad y comodidad, esto lo podemos observar en sus palabras:

Las oraciones son sumamente necesarias para lograr llevar a cabo la labor de Dios en el mundo, y de esa forma sabremos en cada momento cómo estar disponibles para Él todo el tiempo.

Debemos realizar todos y cada uno de nuestros esfuerzos por caminar en la presencia de Dios, por poder ver a Dios en los rostros de todas las personas que encontramos por el camino, por vivir nuestras oraciones durante todo el día. Haciendo un breve paréntesis dentro de esta historia, debemos preguntarnos de dónde una mujer tan pequeña físicamente sacó la fuerza de un gigante y realizar la labor de un titán, sin duda alguna la respuesta es: del amor a sus semejantes a través de Dios.

De vez en cuando debemos cuestionarnos para poder guiar nuestras acciones. Deberíamos interrogarnos: ¿Conozco a los pobres? ¿Conozco, en primer lugar, a los pobres de mi familia, aquellos que se encuentran más cercanos a mí, personas que son pobres pero no porque les falte el pan de cada día?

Existen otros tipos de pobrezas iguales o más dolorosas porque son más individuales. Tal vez lo que le falte a mi marido o a mi esposa, lo que falte a mis hijos, lo que le falte a mis parientes no sean ropas o alimento. Tal vez lo que les falta sea amor, ¡simplemente porque yo no se los he dado!

EL NACIMIENTO DE SU ORDEN

Había comenzado su labor de amor, brindaba ayuda a todo aquel que lo necesitara, pero aún así resultaba poco lo que sus manos podían hacer; sabía que las necesidades de los habitantes de esa ciudad eran mucho mayores a su posibilidades actuales, por lo que era imperativo encontrar mujeres que sintieran la misma necesidad de brindar sus vidas al servicio de los demás, exactamente de la misma forma que ella lo sentía. Ahora debía encontrar a las Hermanas que la acompañaran en este camino de sacrificio y sufrimiento que había escogido.

Con el tiempo, había dejado en un rincón de su corazón el recuerdo de que al pedir el permiso al Vaticano para abandonar la congregación, al mismo tiempo también había realizado una solicitud para fundar una orden. Pero ya habían pasado ocho años desde el inicio del trámite y sólo una de sus peticiones había sido concedida, pero Dios no la había abandonado, simplemente esperaba que el momento fuera el preciso para que la ayuda llegara a su fiel servidora.

De esta forma el 7 de octubre de 1950, su corazón se llenó júbilo al recibir la noticia de que la Santa Sede le había otorgado el permiso para fundar una orden de acuerdo a sus necesidades sociales.

Esta orden se llamaría "Nueva Congregación de las Hermanas Misioneras de la Caridad", estableciendo su casa general en la ciudad de Calcuta.

Al amanecer, con los primero rayos del sol saldría del convento a realizar sus labores entre los necesitados y por las noches regresarían a orar y descansar para prepararse para un nuevo día de trabajo, por lo que el lugar donde se establecieron sólo fungía como sitio de reposo y oración.

Pero ahora que ya tenía la autorización se enfrentaba a nuevas complicaciones: su congragación necesitaba un lugar físico para establecerse y, todavía más difícil, necesitaba de mujeres que compartieran su sueño y decidieran ingresar en la orden. Pero su fe seguía siendo inamovible y contaba con la ayuda de Dios.

La única forma en que una mujer pudiera permanecer en el difícil camino que la Madre Teresa había escogido era por medio de una vida religiosa, así que eso era lo que le pediría a Dios; y sus oraciones fueron escuchadas, pues 5 meses más tarde, el 9 de marzo para ser más específicos, una joven mujer bengalí se acercó a ella y le comunicó su deseo de seguirla y tomar los hábitos. Esta fue la primera, y de manera insospechada, fueron sucediéndose las llegadas de nuevas integrantes a su aspirantado hasta que lograron formar una comunidad que, aunque era de tamaño pequeño, era grande en amor y compasión.

Ahora ya tenía a sus hermanas, el camino parecía más llano, pero aún debían encontrar un lugar donde establecer físicamente a la nueva orden, así que la

Madre Teresa volvió a acudir a Dios, rogándole en sus oraciones que la ayudara a zanjar esta dificultad, y otra vez, como siempre, sus plegarias fueron escuchadas. Una acaudalada familia de apellido Goméz se enteró de la labor de una mujer pequeñita que cuidaba y ayudaba a los necesitados sin pedir nada a cambio.

Al acercarse a ella comprobaron que era una mujer de baja estatura, pero con una energía que la hacía resplandecer entre las demás personas, su amor por el prójimo eran tan fuerte que resultaba imposible no sentir empatía por ella, así que impresionados por su labor y entereza le ofrecieron una casa para que ahí estableciera su congregación.

COMIENZA LA LABOR

Ahora que ya tenía un techo bajo el cual podía guarecer a las integrantes de su orden, y por supuesto, su orden ya tenía integrantes, había llegado el momento de sentar las bases sobre las cuales funcionaría. Práctica como era, la Madre Teresa sabía la importancia de no dejar nada al azar, pues esa es la fórmula para el desastre o la desorganización. De hecho, ella lo había pensado incluso desde antes de formar su congregación y de recibir la tan esperada y difícil autorización del Vaticano.

A los tradicionales votos de este tipo de orden le aumentó un voto más:

1.- *Pobreza*

2.- *Castidad*

3.- *Obediencia*

4.- **Trabajar para los que vivan en la pobreza más severa.**

ෆ৪০

Trabajaremos para lograr la evangelización, conversión y santificación de los pobres en los barrios más bajos, cuidaremos del enfermo y el moribundo, daremos protección y educación a los niños que viven en las calles, visitaremos y cuidaremos a los mendigos, y daremos asilo a los abandonados y a los que no poseen nada en este mundo.

ෆ৪০

Así como estableció las reglas para su orden, también cambió la forma de vestir de las integrantes, que antes, en la orden de Loreto utilizaba un hábito austero; ella cambiaría estas ropas por un vestido tradicional que utilizan las mujeres más pobres de la India al que se le llama "sari", simbolizando de esa manera que estaba con los desprotegidos y todos aquellos que sufrían. Este sari era de color blanco con guardas azules, además de llevar un crucifijo sobre el hombro izquierdo.

El color blanco no era por azar, pues simbolizaba la pobreza y permitía que las integrantes de su orden siempre estuvieran conscientes que eran pobres y trabajaban para los pobres, les hacía sentir compasión por los enfermos, los niños, ancianos y desprotegidos. En sus ropas llevarían implícito el compromiso que tenían con todos ellos. Era imperativo para la Madre Teresa que sus compañeras se identificaran completamente con todos aquellos a los que debían ayudar.

Así que para lograr esta identificación debían emular las condiciones de vida de las personas con las que se iban a relacionar, de esta forma conocerían la forma en que sienten y piensan lo que facilitaría mucho su labor. Sabía que muchos de los integrantes de otras órdenes no logran establecer la comunicación necesaria con los pobres porque los ven superiores, muchas veces debido a las ropas que utilizan, así que esta vestimenta era la adecuada y así se lo hizo saber a sus hermanas:

CB₪O

Al utilizar estas ropas debemos hacerlo con total religiosidad; al hacerlo también es necesario que tengamos en cuenta el significado de cada una de las prendas que integran nuestro hábito: el sari blanco con las guardas azules simbolizan la sencillez y templanza de María; el cinturón simboliza su pureza angelical; las sandalias significan la aplicación de nuestro libre albedrío

al elegir esta vida de servicio a Dios y nuestro
crucifijo es el símbolo del amor.

ଓଃ୫ଠ

Además del gran significado del hábito religioso de la orden, la Madre Teresa sabía perfectamente que esas ropas eran ideales pues no se veían ostentosas, siempre se verían actuales y, sobre todo, se adaptaban perfectamente a las condiciones climáticas de la región.

Así que por lo que podemos apreciar, ella sabía perfectamente que su elección era la correcta, además de que esas ropas las distinguían entre la multitud conservando su carácter religioso.

UN INICIO DIFÍCIL

La Madre Teresa comenzó su obra con apenas lo puesto, una bolsa de tela que siempre llevaba consigo y en la que cargaba un poco de austero material de curación, ella misma platicó tiempo después cómo habían sido aquellos días:

Había podido ver la pobreza de la ciudad, y podía sentir lo desesperante que resultaba, para la mayoría, la miseria en la que se encontraban; mientras recorría aquellas calles buscando alguna casa o refugio, caminé dando vueltas sin tener un destino final, mis brazos así como mis piernas se sentían completamente agotados.

Fue ahí donde me di cuenta de lo doloroso que debe ser para el alma de todos aquellos que buscan casa, alimento o salud.

Al dejar el Convento de Loreto recorrí las calles de Calcuta por primera vez, un sacerdote se acercó a mí para pedir una contribución a favor de la buena prensa. Yo llevaba cinco rupias (la moneda de la India) cuando salí del convento y ahora sólo me quedaba, una pues las otras las había dado a los pobres, así que se la di.

Por la tarde, recibí la visita de aquel sacerdote, pero esta vez no venía a pedirme nada sino a darme, pues me trajo un sobre que según sus palabras, le había entregado un hombre desconocido, que había oído hablar de mis proyectos y se había interesado en darme su ayuda. Al abrir el sobre encontré cincuenta rupias. En ese momento sentí que Dios había comenzado a bendecir la obra y que siempre estaría conmigo. Ahora la esperanza se veía posible.

Para la Madre Teresa la fe era indispensable, pero todavía más importante la oración. Ella solía decir:

CRBO

Mi secreto es uno muy simple:
yo hago oración.

CRBO

✦✦✦

Orar es simplemente la forma en que hablamos
con Dios. Cuando Él nos habla, nosotros
escuchamos. Cuando nosotros le hablamos, Él
nos escucha. Es un camino de dos vías: Escuchar
y hablar. Esto es realmente lo que es la oración.
Ambos lados pueden escuchar y asimismo,
ambos lados pueden hablar.

✦✦✦

Pero aunque la fe y la oración eran básicas para la Madre Teresa, asimismo el trabajo duro y constante así como una voluntad férrea constituyen la mitad de la ecuación, pues es conocida por todos aquella frase divina: "Ayúdate que Yo te ayudaré". Una vez que éstos ingredientes se han puesto en la obra, el siguiente paso es permitirle a Dios que actúe. Si me lo permiten, voy a repetir unas palabras de esta encomiable mujer que justo en este momento vuelven a adquirir un gran significado:

✦✦✦

Nunca debemos intentar controlar los deseos
de nuestro Señor. No debemos ir por ahí
contando cada una de las situaciones que nos
hace pasar durante nuestro camino y mucho
menos debemos desear una percepción clara y
comprobada de cuánto hemos logrado avanzar

en el mismo. De esta forma nunca sabremos
dónde estamos exactamente en el camino a la
santidad. Vuélvete un ser santo. Todos y cada
uno de nosotros tiene esa capacidad y derecho, y
el único camino a la santidad es la oración.

ᘓᘔᘓ

Los niños le importaban mucho, pues ella sabía que en ellos se cimentaría el bienestar de sus familias y la sociedad en un futuro cercano.

Su primera actividad antes de comenzar a impartir sus clases en la pequeña escuela de su congregación era lavar a los niños, pues de esta manera sentía que podían aprovechar más la educación si se sentían limpios y tranquilos; así pues les daba clases de higiene ya que debido a la pobreza y las condiciones climáticas de la zona era muy común ver a los niños enfermos por causa de la falta de limpieza; cuando los niños se encontraban limpios, les permitía el acceso al salón para recibir las clases.

Regresando al difícil inicio de su obra, es importante darnos cuenta de las pruebas que le puso el Señor y la entereza que ella mostró para superarlas, pues antes de recibir la casa en la que finalmente se estableció la orden de las Hermanas Misioneras de la Caridad, la Madre Teresa caminó incansablemente por las calles de la ciudad y se horrorizaba de ver a todas las personas que estaban en agonía y que se encontraban sobre las aceras, la gente pasaba y no prestaba atención a estos moribundos.

Su cabeza comenzó a trabajar buscando la forma de solucionar este terrible problema, así que decidió acudir a las autoridades y les dijo que sí le entregaban una casa en el centro de la ciudad, ella se haría cargo de todos los moribundos.

Sin embargo, las autoridades no contaban con recursos para acceder a la amorosa petición de la maravillosa mujer, pero había una esperanza, pues la única edificación que podían concederle era una especie de templo dedicado a la diosa Kali.

La entrega del inmueble traería serios problemas y las autoridades lo sabían, pero no había otra opción. La Madre Teresa corría peligro en ese lugar, pues los sacerdotes de la diosa Kali, también llamados *bonzos*, no la querían ahí y se oponían a la presencia de la religiosa.

Las autoridades estaban en lo cierto cuando se preocuparon por la benefactora de los moribundos, ya que al poco tiempo, la misionera logró enterarse que se estaba fraguando un plan para quitarle la vida, pero ella, sin temor alguno, se apersonó ante los sacerdotes conspiradores y le dijo:

Si es su voluntad quitarme la vida, háganlo en este momento, pero, por lo que más quieran, por favor no dañen a los moribundos.

El valor mostrado por aquella mujer pequeñita conmovió los corazones de los agresores, pero algunos todavía seguían insistiendo en correrla del aquel templo, así que ejercieron mucha presión ante las autoridades y lograron que el comisario se encargara de aquel problema.

El representante de la ley insistió en que antes de tomar acción alguna, él debía ver por sus propios ojos cómo eran las cosas adentro del inmueble.

Cuando el comisario llegó al templo, encontró a la Madre Teresa atendiendo a un hombre cuyas heridas se encontraban en tan mal estado que emanaban un hedor insoportable, así que la abnegada religiosa se encargaba de curarlo con permanganato.

Cuando ella se percató de la presencia del oficial se ofreció a conducirlo en un recorrido por el lugar, pero él ya había visto suficiente.

Afuera del templo, la muchedumbre se había arremolinado en espera de ver cómo el comisario expulsaba a empellones a la religiosa, por lo que se sorprendieron a verlo salir solo. Casi en el marco de la puerta se dirigió a ellos diciéndoles:

Antes de venir a este lugar dejé perfectamente clara mi posición prometiendo que sacaría a esta mujer de aquí y pretendo honrar mi palabra. Sin embargo, antes de proceder, debo pedirles que comprometan a sus madres y hermanas a que se presenten en este albergue y realicen la labor que esta mujer hace.

Esta es la única condición que les impongo para hacer lo que me piden, pues algunos de ustedes se muestran inconformes porque en el interior

de este lugar hay una estatua del la diosa Kali, y
yo les digo que acabo de ver en persona a la diosa
cuidando de su pueblo.

Al recibir el aval del comisario, las cosas tomaron otro rumbo, pues los bonzos comenzaron a valorar la labor humanitaria que la Madre Teresa realizaba, tan conmovidos estaban que muchos de ellos sentían que era una verdadera bendición que esa pequeñita mujer hubiera aparecido en la localidad.

Fue de esta manera como se fundó el "hogar para moribundos abandonados" cuyo nombre en la lengua nativa era Nirmal Hriday. Tan orgullosa se sentía de aquel lugar que colocó un enorme letrero con el nombre en la fachada. Hasta nuestros días este lugar ha atendido y ayudado a bien morir a más de treinta mil personas, de ambos sexos y de todas las edades.

Este albergue posee instalaciones muy modestas, pues en las dos salas con las que cuentan tienen ordenados más de ciento cuarenta camastros, que de manera más específica podemos decir que son en realidad humildes catres que siempre se encuentran ocupados.

Algunos de los que se encuentran en ese lugar llegaron porque su familia los llevó ahí, pero la mayoría son enviados por el gobierno que organiza una recolección de moribundos de las calles todos los días y los envía al hogar de la Madre Teresa.

Es importante mencionar que muchos de los que son enviados ahí, no logran sobrevivir el traslado, y los que sí llegan, tienen poco tiempo de vida por lo que las religiosas pueden hacer muy poco por ellos, así que los limpian, les dan los medicamentos que tienen disponibles y les hacen pasaderos los últimos momentos en este mundo.

Resulta triste que por la localización geográfica de la India y sus condiciones económicas y sociales, es muy difícil conseguir medicinas, además de que los recursos económicos no alcanzan para mucho.

Sin embargo, el trato y compasión que las personas que terminan en ese lugar sus vidas reciben es sumamente importante, pues muchas de ellas nunca habían conocido el trato amoroso de un ser humano hacia su persona y mucho menos habían descansado en una cama por muy humilde que estas camas sean. También debemos tener en cuenta de que algunos de los que se encuentran bajo su techo, aunque muy pocos, logran recuperar su salud, pero ese no es el fin principal de el albergue, más bien es un sitio en el que los moribundos pueden pasar sus últimos momentos con dignidad, tranquilidad y en compañía de alguien que en verdad les hace sentir que le importan. La Madre Teresa tenía bien clara esta situación y esa es la razón por la que nunca tuvo un equipo de médicos residentes y mucho menos el equipo tecnológico necesario para salvar la vida de un enfermo, pues eso a la larga convertiría a este lugar de despedidas en un hospital.

Por difícil de comprender que parezca la forma de pensar de la Madre Teresa, tiene una gran practicidad y lógica, pues de haber convertido el albergue en un hospital, es claro suponer que la mayoría de los escasos recursos existentes se destinarían para salvar a todos aquellos que tenían mayores posibilidades de vivir, mientras que a los que estaban agonizantes se les relegaría a un segundo plano y la atención que recibirían sería poca e ineficaz. Además el problema de los moribundos en las calles ya era preocupante y se había convertido un asunto de salud pública.

Además —aunque pocos en Calcuta— había hospitales pero ningún lugar se ocupaba de aquellos que de un momento a otro dejarían este mundo.La labor humanitaria de la Madre Teresa la llevó a quedar a cargo de toda una ciudad de leprosos, la cual recibía el nombre de Ciudad de la Paz o en la lengua natal Shanti Nagar.

Esta ciudad tenía una población de más de cuarenta mil personas, todas ellas sufriendo con esta terrible enfermedad. Además, en Calcuta estaba un leprosario en el barrio de Howrak que llevaba el mismo nombre del lugar, pues en la ciudad que la religiosa escogió para su labor de amor esta enfermedad tenía índices altísimos y era un problema que preocupaba al gobierno, que se encontraba en una situación económica precaria e incapaz de hacerle frente a esta amenaza que se había ido infiltrando en la sociedad

Esta enfermedad tiene consecuencias en todos los niveles de la existencia, pues es bien sabido que las personas que se encuentran bajo los resultados de este padecimiento tienen un aspecto sumamente terrible, ya que la piel se desprende de la carne como si fuera una banana de carne y sangre, por lo que los leprosos suelen ser repudiados y rechazados por el resto de la sociedad, confinándolos a un aislamiento total dentro de la misma comunidad. En la antigüedad se les obligaba a llevar colgada una campanilla que al caminar producía un sonido característico y anunciaba su llegada para que los sanos tuvieran tiempo de apartarse de su camino por temor a contagiarse.

La Madre Teresa estuvo por muchos años en contacto con los enfermos de lepra sin llevar ningún tipo de protección alguna, a todos y cada uno de ellos los confortaba con su atención y cariño, pero nunca se preocupó por la posibilidad de llegar a infectarse pues su fe en Dios era su único medio de prevención.

Ella misma llegó a comentar cómo era su vida diaria en tenaz combate contra esta enfermedad:

ജ൝

En el leprosario que manejábamos dábamos aten-ción a muchos enfermos de esta terrible enfermedad y de diferentes niveles y estamos construyendo un albergue específicamente para los niños. Pues cuando los padres leprosos engendran a un niño, esta criaturita nace perfectamente sana por lo que para evitar que se contagie debe de ser separada de sus progenitores. Así que nuestra tarea es, desde antes de que los niños lleguen a este mundo, preparar a los padres para que cedan a sus hijos para preservar su salud y su vida. Este niño no queda en el desamparo pues nosotras cuidamos de ellos.

En cierta ocasión me sucedió que vi a unos padres colocando a su pequeño hijo de apenas tres días de nacido entre ellos, podía percibirse el miedo a contagiarlo por lo que apenas se acercaban a unos centímetros para darle un beso pero sin llegar a tocarlo, sus manos dibujaban en el aire el contorno del rostro del bebé, pero nunca se acercaban para evitar que su recién nacido tuviera que sufrir todo lo que ellos estaban sufriendo.

En mi mente el recuerdo de ese gran amor sigue presente. Me tuve que acercar y tomar al niño en mis brazos y comencé a caminar alejándome de sus padres, ellos sólo se quedaron ahí, congelados, mirándonos hasta que nos perdieron de vista. ¡Aún no puedo olvidar el dolor y la agonía que esas personas tenían en sus miradas! El dolor de renunciar a su tan anhelado hijo era enorme, pues sentían más amor por ese niño que por sí mismos, y esa fue la misma razón por la cual tuvieron la fuerza necesaria para dejarlo ir.

Hoy tienen permitido visitar a su hijo, aunque no les es permitido tocarlo.

Esa es la razón por la cual estas personas pueden mantenerse alejados de sus hijos, verlos pero *nunca tocarlos para no hacerlos sufrir la misma enfermedad que ellos: el amor.*

CAPÍTULO IV

LOS FRUTOS DE SU LABOR

Las Misioneras de la Caridad que la Madre Teresa había creado, poco a poco comenzaron a obtener la atención del mundo, su labor era tan increíble que nadie podía creer que una mujer pequeñita hubiera logrado tanto con tan poco, sin embargo la religiosa reveló su secreto en un comentario:

൞

Nosotras tratamos a cada persona como hijo de Dios.

Todos ellos son nuestros hermanos y hermanas.

Les mostramos todo nuestro respeto.

Nuestro trabajo es animar a estas personas, a todos los cristianos así como a los no cristianos, hacer trabajos de amor.

Cada trabajo de amor que realizamos con el corazón lleno, acerca más a las personas a Dios.

Cﾂﾂㅇﾂﾂﾂㄲﾂﾂㄲﾂﾂﾂ

Esa es la motivación de la Madre Teresa, acercar a las personas tanto como se posible a la luz que Dios nos provee. Sembrar la compasión en el corazón de todos aquellos con los que tenía contacto. Esta filosofía la aplicaba a todo lo que hacía y las cosas comenzaron a funcionar como ella había soñado.

Es por eso que su orden comenzaba a crecer de tal manera que la expansión a otros países era el siguiente paso lógico, sin embargo el Vaticano tiene serias regulaciones en estos casos, pues las órdenes de reciente creación deben superar un arduo proceso para lograr su meta.

Tras haber superado el periodo de prueba impuesto por la Santa Sede, lograron abrir la primera casa fuera de las fronteras de la India. Caracas, Venezuela, fue el primer lugar donde se establecieron, lo que sucedió en el año 1966 y gracias a la petición directa del obispo de Barsquisimeto. Esto ocasionó una imparable bola de nieve que fue creciendo con el paso de los días, por lo que quince años después habían logrado establecer albergues en casi todo el mundo:

PAÍS	CANTIDAD
INDIA	8
ESTADOS UNIDOS	3
CENTROAMÉRICA	3
SUDAMÉRICA	3
EUROPA	2
ÁFRICA	3
ASIA	3
AUSTRALIA	1

Aunque ha sido una labor titánica, debemos ser honestos al reconocer que si bien la Madre Teresa ha sido la cabeza de esta obra, también ha contado con personas a su alrededor que la han apoyado en cada uno de sus pasos, y esa es precisamente la situación de la Hermana Frederick, quien ha estado con la impetuosa religiosa casi desde el principio de su labor.

La Hermana Frederick ha sido su sustituta desde décadas atrás, ella ha sido quien representa a la orden y quien se convirtió en su mano derecha. Esta mujer de nacionalidad británica era en quien la Madre Teresa delegaba el control de todas las tareas administrativas, sin embargo ella permanecía en las sombras mientras a la su superiora la colocaba el mundo en el centro del reflector de atención mundial, pero no era un caso de injusticia, pues ella amaba esta posición, ya que de esta forma podía moverse y realizar las labores necesarias que la importante orden requería. Aunque ambas compartían una capacidad casi sobrehumana para el trabajo, la Hermana siempre reconoció que a ella le faltaba un poco más de lo que a la célebre religiosa le sobraba: humanidad.

Sin duda su origen británico le daba a su personalidad ese toque tan flemático que los caracteriza, es por eso que una de las anécdotas más conocidas acerca de la Hermana Frederick nos cuenta que una ocasión fue enviada a España para supervisar el traslado de la casa de las Hermanas a ese país.

Las monjas habían recogido de la calle a un pequeño perro sin dueño que vagaba por ahí, así que cuando la camioneta estuvo cargada y todo estaba listo para partir, el animalito fue visto por la Hermana Frederick.

La presencia del animal no le agradó del todo y les dijo a sus subordinadas:

Hermanas esto no es posible. Nuestros lineamientos señalan que debemos dedicar nuestros cuidados a los pobres, no a animalitos domésticos.

Este suceso nos permite ver más de cerca que ella tenía razón cuando reconocía que le faltaba la humanidad que a la Madre Teresa le sobraba, sin embargo esto no era un defecto, pues debido a la naturaleza del crecimiento de la orden y las obligaciones religiosas y sociales que esto implicaban, la personalidad de la Hermana Frederick resultaba en ese ramo la mejor elección.

A ella puede imputársele en muy buena parte el éxito de la orden, pues gracias a su planeación, administración y organización fue posible tener el control de las casas en el exterior así como las del interior de la India y mantenerlas sanas en todos los sentidos.

Pero además de la Hermana Frederick existen más personas cuyo trabajo nunca se ha hecho público. Como mencionamos anteriormente, la orden necesita de muchas personas para poder seguir funcionando y llevando el alivio a tantas personas necesitadas. Aunque la congregación cuenta con más de dos mil religiosas, ellas no son la parte más numerosa de esta gigantesca obra de amor.

En realidad la mayoría se encuentra formada por más de ciento cincuenta mil personas que se encuentran bajo estatutos de profunda tradición religiosa, pero sin adoptar de lleno la vida espiritual que una monja adopta, por lo que el compromiso que adquieren con la Iglesia no es vitalicio —a diferencia de las religiosas. Además, para participar en esta labor no es necesario que sean católicos, pues existen muchos de estos integrantes que ni siquiera son cristianos, por lo que el único requisito indispensable es sentir el amor profundo por el prójimo, un espíritu de servicio y amor por los pobres, y por supuesto, no requerir de cosas materiales para su confort o felicidad.

Además de las personas a las que hemos mencionado anteriormente, la mano de Dios colocó a la pequeña Inés justo en el camino de un sacerdote jesuita que la llevó por el camino correcto, y de ahí en adelante esta congregación ha tenido gran influencia en la obra de la Madre Teresa, pues recordemos que fue un jesuita quien la ayudó a conseguir la autorización del Vaticano para iniciar su amorosa orden.

Su consejero espiritual, el padre Van Axem, pertenecía a esta congregación, y por si fuera poco, el encargado de fundar la sección masculina de las Hermanas Misioneras también será jesuita.

Fue en el año 1963 cuando el Hermano Andrew, también jesuita, fundó junto con la Madre Teresa la sección masculina de las Hermanas Misioneras de la Caridad, aunque mantienen algunas diferencias entre ambas ramas, pero comparten el mismo tipo y estilo de vida.

Hasta el momento, esta orden cuenta con más de cuatrocientos integrantes entre profesos y novicios, así como también han tenido expansión continental, pues se pueden encontrar casas que pertenecen a ellos en América, Asia y Europa. Así como las Hermanas, trabajan incansablemente en pro de los pobres y moribundos.

Podríamos afirmar categóricamente que la razón por la cual triunfó la obra de la Madre Teresa fue debido a que nunca dejó nada para mañana ni tampoco permitió que las palabras sustentaran su sueño, siempre luchó por él.

Si bien era importante para ella la oración, siempre llevaba a cabo el dicho divino: "Ayúdate que Yo te ayudaré", y aunque en los años siguientes al inicio de la orden su nombre tomó un gran reconocimiento, ella nunca se detuvo a regodearse en las mieles de la fama, al contrario, odiaba la burocracia y toda aquella actividad que la distrajera de sus actividades humanitarias, pues sentía que perdía el tiempo con esas cosas mientras que en las calles habían muchas personas que sufrían.

✂✂

El amor no subsiste de palabrería, y mucho menos puede ser explicado, en especial el amor a Dios, que viene de Él, que sabe dónde está y lo estremece. Debemos tocar el corazón y para hacerlo debemos actuar, pues el amor se manifiesta a través de las acciones.

✂✂

Aunque sus palabras están llenas de verdad, también estaba consciente de que las acciones no son el total necesario para ayudar al prójimo, pues la intención con la que se hacen es sumamente importante. No importa llenar el estomago al hambriento si su corazón desfallece por la falta de amor. Es igual o más importante satisfacer el hambre espiritual que el hambre del cuerpo del marginado, y una sonrisa es mucho más nutritiva para el alma que recibir un banquete con los platillos más suculentos pero servidos con desdén.

C3&O

Realicemos nuestras obras de amor con un amor
más grande y mayores resultados, cada quien
en sus labores, en su vida diaria, con todo aquel
que le rodea, pues nuestras obras de amor no son
sino obras de paz.

C3&O

Esta forma de pensar y actuar la reflejó todos y cada uno de los días de su vida; la razón de la misma era servir a aquellos de quienes los demás se habían olvidado o simplemente ignoraban: los pobres. Pero los pobres no son sólo aquellos que no poseen nada o no tienen qué llevarse a la boca, sino también aquellos cuyo espíritu se encuentra tan despojado de amor y compasión que permanecen en una sepulcral soledad espiritual y física.

Las palabras y obras de esta ejemplar mujer no sólo son enseñanzas para los que viven en esa parte del mundo, ¡sino para todo el mundo! Hubiera resultado egoísta y contrario a sus creencias haber dejado un legado de amor como el que dejó para que sólo lo apreciaran los que ella había tocado físicamente con sus obras, sino para que todo aquel que tuviera ojos pudiera ver y todo aquel que tuviera oídos pudiera escuchar.

Que cualquiera que pudiera reflexionar un momento acerca de la importancia de seguir el lineamento divino más importante "amarnos los unos a los otros", pudiera sentir la necesidad de repartir amor y apoyo entre los más necesitados en cualquier parte del mundo y en cualquier momento.

03&0

Debemos acercarnos a aquellos que no tienen
a nadie, de los que sufren la peor de las
enfermedades: que nadie los quiera, que los
marginen, que nadie les brinde cuidado alguno.
Pues es en ellos en donde hallaremos a Cristo,
pues Él vive en los pobres y desamparados.

03&0

La Madre Teresa solía decir que somos nosotros quienes debíamos dar gracias cuando hacemos algo por los demás, pues ellos nos permiten ayudarlos y en esa misma acción compensar las faltas que el hombre ha cometido, pues la pobreza no es obra de nadie sino del hombre. Ella recomendaba que conociéramos a todos aquellos que nos rodean y de la misma forma conocer sus problemas, así sabríamos que muchas veces, sin hacer un sacrificio extenuante, podemos marcar una gran diferencia en sus vidas.

CRBO

En los pobres recae nuestra esperanza de redención. Todo aquel que sufre hambruna, los que están enfermos, los marginados; todos ellos serán los testigos en nuestro juicio al testimoniar el amor que les hayamos brindado. Así se convierten en nuestra esperanza y salvación. Debemos acercarnos a ellos y tratarlos de la misma forma como trataríamos a Jesús. Sin importar de donde vengan o estén, en cada uno de ellos debemos ver a Cristo.

El tiempo que he servido a los pobres me ha permitido entender que precisamente son ellos quienes entienden mejor la dignidad humana. Pues su problema más grande no es el no tener ni un centavo, sino entender que poseen el derecho divino de ser tratados como seres humanos y recibir amor.

CRBO

Sí algunas veces nuestros pobres han sucumbido por el hambre, no ha sido porque Dios se olvidó de ellos, sino porque nosotros, ustedes y yo, no fuimos capaces de dar. No decidimos ser instrumentos en las manos de Dios para llevar a ellos el pan, la ropa; no hicimos por ver a Cristo cuando, nuevamente, se acercó a nosotros bajo el aterrador disfraz del hombre hambriento, del hombre solitario, el pequeño solitario en busca de calor y pan.

Los pobres no son una especie extraña y ajena al ser humano, son personas como nosotros que buscan alivio a su soledad y sufrimiento, a los que nosotros les damos la espalda como al peor de los animales. Siempre los despreciamos por el olor y estado de sus ropas, la limpieza de su piel y el sufrimiento que marca sus rostros, sin ponernos a pensar que debajo de esas ropas malolientes y raídas, bajo la mugre de su piel y detrás de esas muecas de dolor se encuentra un ser humano menos afortunado que nosotros. Ese ser humano que también siente dolor, hambre y frío como nosotros, que tiene la misma necesidad de saber que a alguien le importa y que muere por recibir, al menos, una sonrisa.

ஒஇ

Cuando nuestro Señor se hallaba en la cruz ya no poseía nada, pues hasta su misma cruz le había sido provista por Poncio Pilatos.

Los soldados suministraron los clavos y la corona de espinas. Desnudo fue como murió, y por si fuera poco le quitaron la cruz, los clavos y la corona. Un alma caritativa donó la mortaja en la cual fue enterrado en un sepulcro que tampoco era suyo.

Aunque Jesús pudo haber muerto de la misma manera que un rey, Él eligió la pobreza, porque en su infinita sabiduría sabía que esa es la forma verdadera de obtener a Dios, de llegar a Su corazón, de lograr que Su amor venga del cielo a la Tierra.

Es necesario que de nosotros emane el placer de ser pobres, pero no con nuestras palabras, sino con nuestras acciones.

ஒஇ

Ella estaba plenamente consciente de cada una de sus palabras y el efecto que tendrían en todo el mundo, y aunque los regaños nunca fueron parte de su personalidad, solía decir lo que pensaba sin alzar la voz, y al mismo tiempo sus palabras tenían tal volumen que alcanzaban hasta el último rincón del planeta.

❧

Existen diferentes tipos de pobreza. En la India algunas personas viven y mueren en la hambruna. Pero en occidente ustedes tienen otro tipo de pobreza, la pobreza espiritual. Esta es por mucho la peor de todas. Las personas no creen en Dios, no hacen oración. Las personas no se preocupan por los demás. Tienen la pobreza de las personas que no están satisfechas con lo que tienen, quienes no saben cómo sufrir, quienes caen en la desesperación. Esta pobreza de corazón en frecuentemente la más difícil de aliviar y de derrotar.

❧

La soledad era también combatida por el ejército de bondad a cargo de la Madre Teresa, solían sostener la mano del moribundo a quien nadie acompañaría en sus últimos momentos, así como al anciano al que nadie visitaba, al que su familia había abandonado sin volverse a acordar de él. Ésa también era pobreza para ella.

CAPÍTULO V

LAS PALABRAS DE LA MADRE TERESA

ada una de las palabras que la Madre Teresa legó a la humanidad posee un profundo significado, cada una de ellas nos brinda una gran lección de vida —sin importar la religión o creencias de las personas—; estas palabras se aplican a cualquiera y en todas las regiones del mundo.

Dios es un ser mucho mas allá de una etiqueta religiosa y más poderoso que cualquier concepto; así lo transmitía, pues recordemos que entre los voluntarios de su obra se pueden encontrar personas que ni siquiera son católicos, simplemente creen en el amor y en la igualdad entre los seres humanos.

*Algunas personas le llaman Ishwar, algunas le
llaman Alah, algunas simplemente le llaman
Dios, pero todos debemos reconocer que Él es
quien nos ha hecho para metas más elevadas:
para amar y ser amados. Lo que realmente
importa es lo que amamos. No podemos vivir sin
la oración, así que sin importar la religión a la
que pertenezcamos, debemos orar juntos.*

ങ്ങ

Que enorme lección de unidad y amor nos dejó
en estas palabras, pues sin importar las creencias
de cualquier persona nos recuerda que todos somos
parte de lo mismo, que todos pertenecemos al amor
universal, o como le queramos llamar, y por lo mismo
no debe de haber diferencias entre nosotros.

ങ്ങ

*Ustedes y yo hemos sido creados para fines más
elevados. No hemos sido creados simplemente
para pasar por la vida sin meta alguna. Y esa
meta más grande es amar y ser amados.*

ങ്ങ

Pero ella no se refería al amor banal, al amor
comprometido con las inseguridades y pasiones de
la carne o de los sueños de color de rosa, al amor que
lleno de egoísmo se regodea en la vanidad de saberse
amado manteniendo en sufrimiento a la persona que

dice amar; ella hablaba de un amor profundo capaz de llenar la vida de las personas con esperanza y alegría sin importar el momento o la hora.

ভ৪৫

El significado de la palabra amor se encuentra tan malinterpretado así como mal utilizado. Una personas le puede decir a otra que la quiere, y al mismo tiempo, tratar de tomar de esa persona cuanto le sea posible, aun cosas que no debería de tomar. Es en ese momento cuando podemos ver que no es amor verdadero, pues este tipo de amor puede resultar doloroso. Por ejemplo, duele mucho dejar a una persona a la cual amamos. Aquella persona que contrae nupcias, debe renunciar a todo aquello que podría interponerse al amor con su consorte. La madre que trae al mundo a un hijo sufre mucho. Esto mismo sucede con nosotras que hemos decidido tomar la vida religiosa: para poder pertenecer completamente a Dios debemos renunciar absolutamente a todo, pues sólo de esta manera podemos llegar a amar completa y verdaderamente.

ভ৪৫

En nuestros días, el ritmo de la vida y las condiciones en la sociedad actual ha hecho que las relaciones entre las personas se hagan más complicadas. La desconfianza ha salpicado al amor y casi todos los seres humanos tienen miedo de entregar su amor por temor de ser lastimados, pero la Madre Teresa dejó clara esta situación:

⊂ℨ∞

Para que el amor logre ser verdadero, debe costarnos. Nos debe doler. Nos debe ausentar de nosotros mismos, pues el cimiento del amor debe ser el sacrificio. Debemos dar hasta sentir dolor.

Es fácil amar a la gente en la lejanía. Pero no resulta fácil amar a los que se encuentran cerca de nosotros. Es mucho más fácil entregar un tazón de arroz para aliviar el hambre que aliviar la soledad y el dolor de alguien que no es amado en nuestros propios hogares. Llevemos amor a nuestras casas porque es ahí donde amarnos los unos a los otros comienza.

⊂ℨ∞

La soledad es un terrible mal de nuestros días, cada vez es mayor el número de personas que se encuentran solas, sin alguien a quien amar y que los ame. Los casos de depresión por este mismo motivo se han tornado un gran asunto dentro de la salud mundial, y la Madre Teresa lo había previsto.

ප්‍රිঙ্গ

Hay mucho sufrimiento en el mundo, demasiado. Y este sufrimiento material se debe al hambre, el desamparo, a cualquier tipo de enfermedad, pero sigo creyendo que el mayor sufrimiento de todos es la soledad, sentir que nadie nos ama y no tener a nadie a nuestro lado. El aislamiento al que nos sometemos cuando firmemente cerramos las puertas de nuestras casas es terrible, nos convierte poco a poco en una especie de ermitaños, evitamos el contacto con nuestros vecinos, apenas y asomamos nuestros rostros al mundo lo necesario.

ප්‍රিঙ্গ

La religiosa recuerda una triste anécdota que le fue contada por algunas de sus Hermanas:

ප්‍রিঙ্গ

En una ocasión visitaban casas llevando ayuda espiritual, y fue en una de esas casas donde hallaron que una mujer había fallecido en su casa mucho tiempo antes de que alguien se diera cuenta, y solamente se percataron de eso debido a que su cuerpo había comenzado a pudrirse. Sus vecinos ni siquiera sabían su nombre.

ප්‍রিঙ্গ

Debemos reflexionar profundamente en este tema, hemos olvidado que el amor es mucho más necesario que un automóvil último modelo, la ropa de moda y demás cosas banales que llenan nuestras vidas.

ങ൝

Cuando las cosas materiales se convierten en nuestros amos y señores, entonces es cuando somos verdaderamente pobres.

ങ൝

Seguramente nos hemos preguntado por qué las cosas están como están, por qué las calles son tan inseguras, por qué las drogas inundan nuestras calles y escuelas, por qué los jóvenes han perdido el respeto por sus mayores y las buenas costumbres, por qué ya no existe el respeto por el prójimo y vivimos con miedo. La respuesta es sumamente sencilla, la base de todo el problema es la falta de amor. Algunas familias no inculcan el amor y el respeto entre sus miembros, por lo que esto se va volviendo una cadena de amargura que va minando y pudriendo todos los aspectos de nuestra vida diaria.

Los niños crecen sin el amor de sus padres y terminan delinquiendo o envueltos en una pesadilla de drogas. Los mismos automovilistas transitan por las calles agrediendo o recibiendo agresiones de los demás conductores porque han olvidado el respeto que antes existía por el prójimo.

CR&O

¿Dónde comienza el amor?
En nuestras casas.
¿En qué momento comienza el amor?
Cuando oramos juntos.

CR&O

Es imposible cambiar un patrón de conducta de un día para otro, pero podemos empezar a hacer pequeños cambios en nuestra vida diaria. La caridad es uno de estos escalones hacia una vida mejor, no debemos confundir la caridad con la limosna, pues la segunda es dar sin sentimiento de amor, es simplemente desprenderse de algo porque no lo necesitamos o por llenar de vanidad nuestro corazón, y la caridad es algo muy diferente. La caridad es dar con amor y comprensión.

CR&O

No debemos conformarnos con sólo dar dinero;
el dinero no es importante, pues es más fácil
de obtener que muchas otras cosas. Lo que los
pobres en verdad necesitan son nuestras manos
para servirlos, necesitan nuestro corazón para
amarlos. La verdadera religión de Cristo es el
amor y la difusión de ese amor.

CR&O

Es por esto que la limosna no es suficiente, el verdadero sacrificio está en compartir lo que tenemos con amor y sinceridad.

ભ૩৪৩

Ojalá no regalen tan sólo lo que tienen de sobra. Es necesario que también den lo que les cuesta; resulta difícil regalar, hagan sacrificios, prescindan de algo que realmente quieran. Sólo de esa manera su obsequio tendrá valor ante los ojos de Dios. Sólo de esa forma serán hermanos y hermanas de los pobres, de aquellos que no poseen ni siquiera lo más necesario para vivir.

ભ૩৪৩

Y es que nos cuesta desprendernos de las cosas que hemos obtenido con trabajo y esfuerzo, pero eso mismo es lo que hace valioso ese regalo que daremos. La Madre Teresa recordaba a sus seguidores que cuando damos algo no entregamos algo que es de nuestra propiedad, sino que más bien devolvemos algo que en algún momento nos fue dado.

En un momento en el que no sentía el apoyo del pueblo norteamericano, con su voz baja pero firme dijo:

ભ૩৪৩

Todas las cosas que los ricos compran con su dinero, nosotras las entregamos por amor

a Dios. Si la gente de Estados Unidos no se
permite atender las necesidades de otra gente,
no podrá sentir nunca en sus vidas la hermosa
sonrisa de Cristo. Lo que reciben les ha sido dado
para que los compartan con los demás, no para
que lo atesoren y lo guarden.

CRISO

Así era ella, amorosa y tierna como una madre con sus pequeños, pero al mismo tiempo dura y directa como un rayo en la planicie.

CRISO

No deseamos lo que la gente nos da de su
abundancia. Les estamos permitiendo amar a su
prójimo, les estamos dando una oportunidad.

CRISO

La Madre Teresa solía decir que somos nosotros quienes debíamos dar gracias cuando hacemos algo por los demás, pues ellos nos permiten ayudarlos y en esa misma acción compensar las faltas que el hombre ha cometido, pues la pobreza no es obra de nadie sino del hombre.

Sin embargo, todo esto nos hacer ver claramente que hemos fallado como seres humanos y como seguidores de Cristo. Hemos cometido errores pero, ¿podemos perdonarnos? Porque de nos ser así estaríamos cometiendo otro error pues, ¿cómo podríamos perdonar a los demás si no somos capaces de perdonarnos a nosotros mismos?

Es natural que todos y cada uno de nosotros tengamos uno o millones de defectos, y por lo mismo somos propensos a cometer cualquier cantidad de errores. De antemano esperamos el perdón de todos aquellos que nos quieren y nos rodean pero, ¿estamos realmente dispuestos a hacer lo mismo por los demás?

☙❧

Es imperativo que todo aquel que sea cristiano sepa perdonar, pues debemos entender que para poder ser perdonados debemos estar dispuestos a hacer lo mismo por nuestros semejantes. Me vienen a la mente pueblos como Irlanda del Norte, Bangladesh y Amán, aunque existen muchos más, todos ellos podrían conseguir la paz si tan sólo supieran perdonar.

☙❧

Hemos aprendido a utilizar la palabra para decir cosas tan hermosas como un "te amo", así como para describir las maravillas que habitan en nuestro corazón cuando la mujer de nuestros sueños aparece en nuestra vida; hemos logrado representar en palabras métodos increíbles por medio de los cuales los médicos logran salvarle la vida a miles de personas; pero también hemos encontrado la manera, una triste manera, de herir a nuestros semejantes con la punta de nuestra lengua.

No nos detenemos un segundo a pensar antes de emitir un juicio malintencionado acerca de alguien, hablamos sin conocer de verdad a la persona que herimos con nuestros cometarios, y si creyéramos conocerla de verdad, ¿sabemos con certeza lo que pasa por su mente? ¿Conocemos las circunstancias que llevaron a esa persona a convertirse en el ser humanos que es?

Un viejo y cierto proverbio dice *"nadie sabe lo que pesa el costal mas que el que lo va cargando"*. La Madre Teresa sabía que la palabra es mucho más poderosa que las armas, ya sea para el bien o para el mal, y nos dejó algunas consideraciones que deberíamos tomar en cuenta.

C3&CO

Nunca deberíamos condenar o emitir rumores acerca de alguien. Mucho menos deberíamos realizar cualquier insinuación que pudiera lastimar a alguien. Tal vez una persona jamás ha escuchado hablar acerca del cristianismo, desconocemos totalmente la forma o el camino que Dios escogió para manifestarse a esa alma y la manera en que Él la está modelando. Así que, ¿quiénes somos para condenar a alguien?

No es preciso ser cristianos para ser capaces de
perdonar, todos los seres humanos venimos
de Dios. Todos sabemos qué significa para
nosotros el amor de Dios. Sin importar cuáles
sean nuestras creencias, si en verdad deseamos
amar, es imperativo que aprendamos a perdonar.

Dios es en sí mismo la pureza, por lo que nada
que no sea puro puede postrarse ante Él, aunque
dudo profundamente que pueda sentir odio,
ya que Dios es amor, y nos ama sin importar
nuestras deficiencias y pecados. Él es nuestro
amantísimo Padre, así que lo único que tenemos
que hacer es volvernos a Él, pues es incapaz
de sentir odio, nos ama pues Él es el amor.
Sin embargo, la impureza se levanta como un
muro entre nosotros que nos impide contemplar
a Dios. Esto no sólo aplica en los pecados de
impureza, sino para cualquier cosa que nos
aleje de Él. Cualquier cosa que nos aleje de la
semejanza con Cristo, cualquier rencor que
exista en nuestro interior, la falta de caridad,
eso también es impureza. Si nos encontramos
cundidos de pecado, Dios no puede vivir en
nosotros, ya que ni siquiera Él puede llenar un
espacio que ya se encuentra ocupado por algo
más. Esa es la razón por la cual precisamos del
perdón, para desocupar nuestro interior

de nueva cuenta, y así Dios
nos pueda llenar con su presencia.

ભૂફ

Pero cómo debemos buscar a Dios, cómo podemos encontrar el camino correcto a su presencia. En nuestros días nos encontramos absortos en nuestros problemas y en la búsqueda de satisfacer nuestras necesidades materiales, olvidando por completo que nuestro paso por este mundo es efímero, que la vida eterna nos espera y que debemos cuidar más de nuestra alma.

Es por eso que la búsqueda de Dios es imprescindible en nuestras vidas, pero el ruido que nos rodea y el que producen nuestros pensamientos fuera de la luz divina nos hacen distraernos y nos presentan insalvables dificultades para poder conectarnos con Él. La Madre Teresa sabía que el silencio interior es necesario para poder escuchar las palabras que Dios tiene que decirnos y para lograr el camino de regreso a su lado.

ભૂફ

Necesitamos encontrar a Dios y Dios no puede
ser encontrado en el ruido y el desasosiego.

Resulta sumamente difícil orar si uno no sabe
la manera de hacerlo. Debemos auxiliarnos a
nosotros mismos a aprender. Lo más importante
para orar es el silencio.

Pero no sólo se refería al silencio del exterior, al ruido de la vida corriendo alrededor de nosotros, sino también al ruido mental y espiritual al que nos sometemos todo el tiempo.

CR8O

Evitemos vivir en la distracción. Indaguemos en nuestra propia intimidad de tal forma que seamos capaces de lograr una mejor comprensión de nuestros hermanos. Si aspiramos a tener un mejor entendimiento de aquellos entre los cuales tenemos que vivir, entonces antes debemos lograr el completo entendimiento de nosotros mismos.

No seremos capaces de entrar directamente en la presencia de Dios sin antes someternos completamente al silencio exterior e interior. Es debido a esto que debemos someternos a la quietud del alma, de los ojos y de la lengua. Pues todo comienza con una oración que ha nacido en el silencio de nuestros corazones.

No existe una vida de oración sin el silencio. Es gracias al silencio que podemos colocarnos en un estado conveniente y necesario para lograr escuchar las palabras de Dios, acallar la voz de nuestra mente y corazón para que en el silencio aparezcan las palabras de Dios llenándolo todo con la magnificente luz de su sabiduría.

*Si realmente deseamos aprender a orar, entonces
debemos primero aprender a escuchar: pues es en
el silencio de nuestros corazones es donde Dios
nos habla.*

*El silencio del corazón, no sólo de la boca, es
también necesario, es entonces cuando serás
capaz de escuchar a Dios en todos lados: en
el cerrar de una puerta, en la persona que te
precisa, en el canto de las aves, en todas las
flores y animales. Ese es el silencio en el cual
maravillamos y alabamos.*

ᏀᏂᎷ

Podemos constatar por las enseñanzas de la
Madre Teresa la importancia que la oración tenía
para ella, pero ¿realmente sabemos cómo hacerlo?

Esto es realmente muy importante, pues la
oración es una de las herramientas que Dios nos ha
dado para comunicarnos con Él, pero rara vez la
utilizamos, o si lo hacemos, lo hacemos de manera
errónea, por lo que a continuación te exponemos
una sencilla guía, sigue las siguientes indicaciones
para rezar de manera correcta y eficaz.

1. Soledad y silencio:

*La soledad es indispensable, por lo que debemos
procurar retirarnos a un espacio que nos ofrezca
esta cualidad, recordemos que Jesús lo hacía de la
siguiente manera, solía dejar a los apóstoles atrás
y avanzaba solo para orar.*

El silencio ambiental también es necesario, pues nos da tranquilidad y nos permite buscar el silencio de la mente y el cuerpo, para así encontrar a Dios en nuestro interior, pues en el silencio es más fácil escuchar el mensaje que Nuestro Padre tiene para nosotros.

2. Disposición y participación:

Debemos poner toda nuestra disposición para lograr el silencio interior y exterior, es el esfuerzo que Dios requiere para contactarnos. Además aprender a orar no se logra con un solo intento, se debe practicar hasta lograr el resultado deseado, por lo que al hacerlo, debemos intentarlo con todas nuestras fuerzas y deseos.

3. La respuesta de Dios:

La respuesta de Dios depende completamente de su voluntad y de la forma en que quiera manifestarse en el alma de la persona que le que ora. En esos momentos de contemplación, Dios puede revelarse o no, dándonos su mensaje en cualquiera de las modalidades que escoja. Por lo que esta parte no depende del que ora, sino de Dios mismo. La oración siempre es una experiencia transformante.

CONDICIONES PARA
LA ORACIÓN.

1. Fe
La fe es el motor de la oración, si no existe fe, simplemente no se va a ningún lado, y orar se convierte en un acto banal y sin sentido, pues si

no se tiene la certeza de que Dios escucha, mucho menos se da un acto de comunión entre quien hace la plegaria y Él.

2. Desinterés:

Si buscamos en la oración solución a nuestros problemas o el numero ganador de la lotería, simplemente estaríamos perdiendo el tiempo. Uno no se acerca a sus padres por ver qué nos van a dar, sino por el amor que sentimos por ellos y viceversa, es ahí donde se da el vínculo que nos une; es el amor el pegamento universal y no el interés.

Por lo que no debes acercarte a Dios para salir de tus dificultades, sino porque en Él encuentras el consuelo y la fortaleza para hacerlo.

3. Humildad:

Al orar, al vivir, al respirar y en cada acto de nuestra vida, Dios sabe qué sucede con nosotros, no somos ajenos a Él, somos uno con Él, por lo que no podríamos exigir simplemente porque creemos que somos buenos, o pedir que obligatoriamente nos ayude, nuestro corazón debe ser humilde.

4. Determinación:

Debemos orar con determinación, sabiendo que en el camino Dios está con nosotros, apoyándonos y deseoso de volver a entablar contacto con sus hijos. Debemos ser fuertes y no permitir que el temor y la duda se interpongan en nuestro camino.

5. Constancia:

Si al comenzar a ejercitarnos en la oración, no logramos sentir la comunión entre el Padre y nosotros no debemos desesperarnos, la práctica es lo que nos hará lograr nuestro objetivo, por lo que necesitamos ser constantes y tener fe.

6. Aceptar la voluntad de Dios:

Cuando tenemos alguna dificultad en la vida y precisamos la ayuda de Dios, Él nos la brinda en la forma que considera necesaria para nosotros, no siempre es la resolución del problema, podría ser fortaleza y aceptación, pero no debemos esperar que se haga nuestra voluntad sino la de Él.

Para terminar, te podemos decir que no es necesario usar obligatoriamente las oraciones que la iglesia nos ha dado, a Dios no le importa la rima o la métrica, le importa la sinceridad y el sentimiento que tus palabras eleven hacia Él. Así que a continuación te ofrecemos sencillos pasos para que tú hagas tus propias oraciones y de esa manera tu diálogo con Nuestro Señor te resulte más familiar y transmitas lo que en verdad sientes.

A. ¿Quién es Dios?

Dios es "Nuestro Padre en el cielo", preocupado por cada uno de sus hijos, esperando que todos seamos felices y plenos, por lo que la forma de orar no debe ser complicada o muy formal, eso no le importa, Jesús dijo a sus apóstoles que deberíamos orar como los niños, quienes no saben de formalidades y hablan con el corazón en la mano.

B. ¿Qué debo decir?

No te limites, así como si fuera tu padre terrenal, abre tu corazón y cuéntale todo lo que te preocupa, todo lo que te hace feliz, simplemente dile todo lo que te nazca del corazón.

C. ¿Debo hacerlo en un orden especial?

Imagina que escribes una carta a algún familiar, comenzarás de la siguiente manera: "Querido primo", después de ahí seguirás con lo que quieras comunicar, esa es la manera en que podrías comenzar, después podrías pedirle algún favor y terminar como un "Amén", lo que denota la aprobación de todo lo anterior. Así que relájate y comienza a disfrutar una nueva etapa de comunicación entre tú y Él.

En estas indicaciones podemos ver que el silencio es una parte primordial para la oración, la Madre Teresa lo sabía y en muchas ocasiones mencionó los antecedentes de este hecho para que los que supieran escuchar sacarán ventaja de sus palabras.

ভ৪৩

Los contemplativos y los ascéticos de todos los tiempos y religiones han buscado a Dios en el silencio y soledad de los desiertos, bosques y montañas.

Nosotros también estamos llamados a retirarnos
durante ciertos intervalos y adentrarnos en el
silencio y soledad con Dios, todos como una
comunidad y también de manera individual.
Para estar a solas con Él, no con nuestros libros,
pensamientos y memorias, sino completamente
despojados de todo, para vagar amorosamente en
su presencia silente, vacía, expectante e inmóvil.

CRXEU

Seguramente muchos de nosotros hemos intentado experimentar esa soledad y silencio que llena el alma, pero con el ritmo de nuestras vidas nos resulta difícil lograrlo. En cuanto comenzamos a entrar en ese estado contemplativo, invariablemente suena el teléfono o llaman a la puerta. Sin embargo, debemos encontrar la manera de acomodar nuestros horarios para poder establecer ese contacto con Dios, debemos buscar el lugar y la hora precisa para abandonarnos a tan dulce práctica, porque es ahí donde las respuestas a nuestras preguntas esperan, en donde el consuelo para nuestra agobiada alma se prepara a recibirnos.

CRXEU

Escuchen en silencio, porque si su corazón está
lleno de otras cosas no podrán escuchar la voz
de Dios. Pero cuando han escuchado la voz del
Señor en la quietud de su corazón, entonces
seguramente su corazón está lleno de Dios. Esto

requerirá sacrificio, pero si realmente deseamos
orar, entonces debemos estar preparados
para hacerlo ahora mismo.

Precisamos el silencio para estar a solas
con Dios, para hablarle, para escucharlo,
para valorar sus palabras en lo profundo de
nuestro corazón. Precisamos estar a solas y en
absoluto silencio con Dios para ser renovados
y transformados. El silencio nos da una nueva
perspectiva de la vida.

En esta perspectiva estamos llenos de la gracia
misma de Dios, que nos permite hacer todo con
gran júbilo.

൫

Es fácil poder identificar a una persona que sabe
orar de una que no sabe o que no lo hace, pues la
primera reflejará en su mirada una claridad y una
quietud que no se puede fingir; esa persona reconoce
la presencia de Dios en su vida y da gracias por
haberla encontrado. No importa la religión que esa
persona practique, como lo dijo la Madre Teresa,
Dios recibe muchos nombres pero sigue siendo el
mismo.

൫

Mirando en tus ojos puedo saber si en tu
corazón hay paz o no.

Observamos personas que están radiantes
de júbilo, y podemos ver en sus ojos que en
su interior existe la pureza. Si queremos
que nuestras mentes encuentren el silencio,
mantengamos en silencio los ojos.

Utilicen sus dos ojos para orar mejor.

CƷ༄

Estas fueron las recomendaciones y consejos de la Madre Teresa para lograr realizar de manera correcta la oración, para asegurarnos de que en algún momento podamos alcanzar ese estado de iluminación que la presencia de Dios nos brinda. Así que ahora que comprendemos la importancia de esta comunicación, no debemos olvidar el último consejo que nos dio con respecto a la oración:

CƷ༄

Si deseas sinceramente aprender a orar:
guarda silencio.

CƷ༄

CAPÍTULO VI

UNA GUÍA PARA LA VIDA

La Madre Teresa comprendía perfectamente que la felicidad está en la presencia de Dios, y tomando en cuenta las palabras de Jesús: "Dejad que los niños se acerquen a mí, porque de ellos es el reino de mi Padre", el siguiente paso lógico es entender que para lograr llegar ahí debemos volver a tener un corazón infantil, permitir que todo nos cause asombro y olvidarnos de las manchas de hollín de la amargura que nos hace volvernos adultos.

Comienza y termina el día con una oración. Acércate a Dios como un niño. Si se te dificulta hacer oración, entonces puedes decir: "Acércate espíritu santo, guíame, protégeme, despeja mi mente para que pueda orar".

Los tiempos modernos llenan nuestras mentes de cualquier cantidad de preocupaciones, de sinsabores y amarguras, robándonos la quietud de nuestra mente. ¿Cuántas veces hemos perdido el sueño por un problema para el cual no encontramos solución? Es decir, que ni cuando debemos descansar podemos gozar de la tranquilidad del pensamiento. Ahora bien, por otro lado ¿han visto a algún niño perder el sueño por una preocupación? No lo creo, porque ellos no llevan sus problemas a su descanso. Si un niño pelea con otro por alguna razón no se preocupa porque sabe que al día siguiente volverán a jugar juntos como si nada hubiera pasado.

ༀ

¿Cómo debemos orar? Debemos acercarnos a Dios como si fuéramos niños pequeños. Un niño nunca encuentra dificultades para expresar lo que tiene en su mente en palabras muy sencillas, pero que a su vez dicen tanto.

Si un niño aún no ha sido muy consentido y no ha aprendido a decir mentiras, dirá absolutamente todo. A esto es lo que me refiero cuando les digo que debemos ser como niños.

ༀ

Absoluta verdad en estas palabras, y para prueba está la sabiduría popular de los dichos: "los niños y los borrachos siempre dicen la verdad". Un niño no utiliza palabras con intenciones ocultas, no miente para quedar bien con su círculo de amigos, no utiliza a los demás para lograr un objetivo egoísta y turbio. Un niño siempre dice cuando no está de acuerdo con algo, cuando siente que lo que le han ordenado sus mayores no es correcto o justo; los niños se preocupan por los demás. ¿Cuántas veces hemos escuchado a un pequeño preguntar por qué las personas son pobres? ¿Cuántas veces hemos escuchado a un niño preguntar por qué los niños pobres no reciben regalos en Navidad? Ellos son nobles, buenos y sinceros. El deseo de la Madre Teresa era que los adultos volviéramos a ser así para poder acercarnos con mayor facilidad a Dios.

೦೩೮೦

Intenta hablar directamente a Dios. Sólo habla. Cuéntale todo, díselo. Él es nuestro padre, Él es el padre de todos nosotros sin importar la religión que profesemos. Debemos poner nuestra confianza en Él y amarlo, creer en Él, trabajar para Él. Y si oramos, obtendremos todas las respuestas que necesitamos.

೦೩೮೦

Una de las imágenes más enternecedoras que podremos observar en nuestras vidas, es la de un niño de rodillas junto a su cama orando, pidiéndole a Dios que cuide a su padre, a su madre, a sus hermanos y hasta el pequeño perrito de la familia.

¿Por qué no regresamos a esa etapa de nuestra vida? ¿Por qué no volvemos a ponernos de rodillas junto a nuestra cama y le pedimos a Dios por todos aquellos que nos importan y amamos? ¿Hace cuánto que no lo hacemos? ¿Todavía recordamos aquellas oraciones que nuestros padres nos enseñaron? No nos hemos olvidado de orar, simplemente hemos perdido la práctica.

CRRO

Necesitamos ayudarnos entre nosotros en nuestras plegarias. Liberemos nuestras mentes. No hagamos largas y agotadoras oraciones, sólo hagamos pequeñas oraciones pero muy llenas de amor. Oremos a favor de aquellos que no lo hacen. Permítanse recordar que si queremos ser capaces de amar, entonces debemos ser capaces de orar.

Podemos orar por los trabajos de los demás y así ayudarles. Por ejemplo, en nuestra comunidad existen personas que dan su ayuda ofreciendo sus oraciones por una Hermana que precisa la fortaleza necesaria para llevar a cabo su trabajo activo. Asimismo, también tenemos a los Hermanos y Hermanas contemplativos que ofrecen sus oraciones por todos nosotros todo el tiempo.

CRRO

La oración no debe ser una carga sino un motivo de regocijo ¿Cuántas veces nos hemos dormido sin orar porque aducimos cansancio? Sin embargo, antes de dormir dedicamos un largo periodo a ver la televisión o leer el periódico ¿No podríamos dedicar 5 minutos menos a esas actividades y dedicarle ese tiempo a una oración para Dios?

Recordemos que no es necesario agotarnos en una larga y tediosa oración, sino mejor hacer una oración muy pequeña pero desbordante de amor.

∞

Hay personas que, para no orar, alegan que la vida es tan frenética que no les permite hacer oración. Esto no puede ser.

La oración no demanda que interrumpamos nuestro trabajo, sino que continuemos trabajando como si eso fuera oración.

No es necesario permanecer en estado de meditación todo el tiempo, ni experimentar conscientemente que estamos hablando con Dios. Lo que realmente es importante es estar con Él, vivir en Él, en su voluntad.

Dios es la pureza en sí mismo; nada que sea impuro puede estar en su presencia, pero no creo

que Dios pueda sentir odio, porque Dios es amor
y nos ama a pesar de nuestra condición.

Dios ama porque Él es el amor, sin embargo, la
impureza es un obstáculo para ver a Dios.

ᘒᘓᘒᘓ

Cuando la Madre Teresa nos dice que debemos decirle todo a Dios, nos recuerda que en su omnipotencia Él está presente en todos lados y conoce perfectamente el estado de nuestra alama y nuestras acciones, pero requiere honestidad de nuestra parte. Si alguno de nosotros tiene hijos, recordará cuando un jarrón se rompió misteriosamente en nuestra casa, sin embargo, al preguntarle a los niños si saben quién lo hizo seguramente habrá una respuesta ingenua y carente de toda lógica, bueno, pues eso es lo que hacemos permanentemente con Dios.

Cuando hablamos con Él tratamos de ocultar todas aquellas cosas que hemos hecho y que a pesar de saber que son incorrectas, aun así decidimos realizarlas; ese comportamiento es precisamente el que debemos evitar, debemos presentarnos ante Él y contarle todo sin dejar nada de lado.

ᘒᘓᘒᘓ

Nuestras almas deben ser como un cristal
transparente a través del cual Dios
puede ser percibido.

Nuestro cristal algunas veces se encuentra lleno
de suciedad y polvo. Para lograr limpiar este
polvo, debemos realizar un profundo análisis
de nuestra conciencia para obtener un corazón
limpio. Dios nos ayudará a limpiar, tanto
como le permitamos hacerlo: si esa es nuestra
voluntad, y si lo es, entonces la voluntad de Dios
se presentará en cualquier momento.

Mientras más nos vaciamos en nuestro ser, más
espacio tenemos para que Dios lo llene.

Cuando no tenemos nada para dar, debemos
darle a Dios esa carencia.

☙❦☙

¿Cuáles son los tesoros de un niño? Una bolsa de canicas, un pequeño ratón en su bolsillo, una mariposa en una cajita, un beso de su madre, un juego de su padre, el tiempo que pasa con sus amigos, la sonrisa de esa niña de su clase que ha descubierto que le agrada, una felicitación de su maestra, un chocolate que comparte con su perro, una caricia de su abuelo, una carrera contra el viento. Todas esas cosas son posesiones invaluables dentro del mundo de los pequeños, si bien es cierto que todavía no conocen el valor del dinero; es ahí donde estriba la diferencia con los adultos, pues éstos ya han sido corrompidos por las monedas.

El valor económico de nuestro tiempo rige nuestros calendarios, un minuto nuestro posee tanto valor que muchas veces somos tan egoístas que no se lo damos ni a nuestra familia.

El dinero, aunque tiene muchas ventajas también tiene un lado oscuro, nos ha hecho olvidarnos de las cosas tan maravillosas que tiene la vida y que no cuestan un solo centavo. Estas cosas componen el equipaje de los niños, ellos disfrutan todo el tiempo de estos regalos de Dios.

CR&D

La riqueza, material o espiritual, puede sofocarte si no son utilizadas de manera correcta. Así que permanece vacío lo más que puedas para que Dios pueda llenarte por completo.

No es cuánto tengamos realmente para dar sino cuán vacíos estemos para, de esa manera, poder recibir plenamente en nuestras vidas. Quita tu mirada de ti mismo y regocíjate de no tener nada, de que tú eres nada, de que no puedes hacer nada.

*Incluso Dios no puede poner algo en un lugar que ya se encuentra lleno.
Él no se impone sobre nosotros.*

CR&D

BUSCAR A DIOS

Aunque existen momentos en nuestras vidas en las que nos hemos sentido solos, momentos en los que nos sentimos tan aislados y alejados del resto del mundo que pareciera que no pertenecemos a él, esto es sólo una ilusión creada por el malestar o desesperación que estemos atravesando. Todos somos parte de lo mismo, todos somos uno solo, ¿se puede estar más acompañado que eso? Y el adhesivo que mantiene todo eso unido es Dios. En lo personal, puedo decirles que en muchas ocasiones me he sentido así, tan desesperado y afligido que llegue a pensar que Él se había olvidado de mí, sin embargo, cuando se veía más oscuro y era más doloroso todo, envió un rayo de luz que reavivó mi esperanza y me recordó que todo el tiempo estuvo conmigo.

‌ C380

No busquen a Dios en tierras lejanas, Él no se encuentra ahí. Siempre está cercano a ustedes. El está con ustedes. Mantengan esa lámpara siempre encendida y así siempre podrán verlo. Observen y oren. Mantenga esa lámpara iluminando y podrán observar su amor y ver cuán dulce el Señor que amamos.

En estos días, más que nunca, debemos orar para lograr la iluminación que nos permita conocer la voluntad de Dios, por el amor para aceptar la

voluntad de Dios, por la forma de realizar
la voluntad de Dios.

CELL

Es difícil entender completamente la voluntad de Dios, muchas veces nos parece injusto y hasta cruel, pero al pasar del tiempo, en algunos casos podemos comprender que ese suceso que nos causó dolor ha terminado siendo un verdadero bien en nuestras vidas.

Que Dios nos de a todos la suficiente apertura a caminos que nos guíen más allá de nosotros mismos.

Aunque hemos juzgado a Dios y lo hemos descalificado como padre amoroso, siendo veraces con nosotros mismos, ¿hemos buscado la manera de acercarnos a Él? ¿Realmente tenemos una relación saludable con Dios? Por su parte, el Señor tiene una buena relación con nosotros, Él es el amor y como tal nos trata, sin embargo, nosotros, al permanecer alejados de Él, ¿cómo podríamos entender su voluntad? Entonces resulta necesario encontrar el camino de regreso a Él para poder entender su voluntad, y si no lo logramos, que nos proporcione la fuerza necesaria para aceptar todo aquello que no entendemos.

CELL

Si real y totalmente pertenecemos a Dios,
entonces debemos estar a su disposición y

depositar nuestra confianza en Él. Nunca debemos preocuparnos por el futuro. No existe razón para hacerlo. Dios está ahí.

 CREW

La mejor manera de acercarnos a Dios es la oración. Aunque pongamos miles de excusas debemos entender que el Señor estableció las formas en las cuales podemos acercarnos a Él, pero nuestra soberbia ha logrado confundir a nuestra mente haciéndola creer que no tenemos un padre amoroso sino un sirviente caprichoso, y esto está muy lejos de la realidad.

Que Dios no cumpla todos nuestros caprichos no significa que no nos ame, si un padre no regala a su hijo todos los juguetes que éste desea no significa que no sienta un gran amor por él, simplemente le da lo que cree que es pertinente para que su pequeño sea feliz.

Así que debemos volver a orar, retomemos esa comunicación con Dios, bajemos la guardia y démonos la oportunidad de permitirle la entrada a nuestros corazones y nuestras vidas. Disfrutemos la dicha de sentir que cada uno de nuestros actos y nuestros días está lleno de la voluntad de Él.

CREW

Debemos convertirnos en profesionales de la oración.

*La recreación es un medio para orar mejor,
pues la relajación se lleva las telarañas
de nuestras mentes.*

*Debemos amar hacer oración. Sientan
frecuentemente durante al día la necesidad de
orar y tómense la molestia de hacerlo, pues Dios
nos está hablando. Escúchenlo.*

જ્ઞઉ

Nuestro orgullo y soberbia nos hacen abstenernos de encarar la verdad de nuestras vidas, de nuestro ser. Nuestra especie se regodea de su inteligencia y capacidad creativa, aunque estas dos características también nos tienen sumidos en muchos problemas. Una de estas complicaciones ha sido hacernos creer que realmente no necesitamos a Dios, que nuestra capacidad intelectual nos permite salir adelante de las dificultades, pero en cuanto tenemos un problema que se ha escapado de nuestras manos, inmediatamente acudimos a nuestro Señor para que nos brinde su ayuda. Debemos dejar nuestra soberbia de lado y ser humildes ante Dios.

જ્ઞઉ

*Se ha dicho mucho acerca de la humildad y
aún no ha sido suficiente para enseñarnos a
ser humildes. Todo lo que leemos acerca de
la humildad no es suficiente para enseñarnos*

*a ser humildes. Sólo se aprende humildad al
aceptar humillaciones. Y conoceremos muchas
humillaciones en nuestras vidas.*

*La humillación más grande es saber que
no somos nada. Aprenderemos esto cuando
encaremos a Dios en la oración. Cuando nos
colocamos frente a frente con Dios, uno no puede
sino entender que nos somos nada y que no
poseemos nada.*

❧

La cantidad de dinero que poseemos y generamos no nos convierte en mejores personas que las personas que no tienen esa capacidad o que no tuvieron las mismas oportunidades de desarrollo. No nos da ningún derecho a humillar o maltratar a todos aquellos que nos rodean, pues seguramente conocemos a personas así, pero nunca sabemos que nos traiga el futuro. La fortuna puede desaparecer en un segundo y entonces, ¿qué nos quedaría para sentir que somos seres humanos de gran valía? Lo único que nos hace valiosos es la sinceridad de nuestros sentimientos por los demás. Debemos realizar oración para mantenernos enfocados y no perder el piso elevados por la vanidad y falsedad del oropel que nos rodea. La oración nos mantiene a salvo de los reflejos de mentiras que el falso orgullo nos brinda.

❦

Oremos amorosamente como niños,
con el más encarecido deseo de amar mucho
y hacer que aquellos que no se sientan amados
sientan que no es así.

Agradezcamos a Dios por todo su amor por
nosotros, en tantas formas y en tantos lugares.

La oración debe ser fructífera, debe provenir del
corazón y ser capaz de tocar el corazón de Dios.

Debemos permitirnos abrir nuestros corazones
y percatarnos de que Dios siempre ha estado ahí,
simplemente ha esperado el momento adecuado
para recordarnos su presencia.

Abran sus corazones al amor de Dios, el cual Él
les dará. Él los ama con infinita ternura,
y dará su amor no para que lo atesoren,
sino para que lo compartan.

Ofrece a Dios cada una de las palabras que
digas, cada uno de tus movimientos. Debemos
cada vez más y más, enamorarnos de Dios.

❦

La falta de tiempo y espacio no es excusa para alejarnos de Dios y no tener comunicación con Él. Si nuestra forma de vida no nos permite un espacio definido para orar o un momento de soledad para abandonarnos a la oración, tenemos otra opción para acercarnos al Señor, es una manera de orar que hemos practicado toda nuestra vida de manera inconsciente, sin percatarnos de que estábamos hablando con Dios. Se llama oración mental.

სჳ൜ი

La oración que viene de la mente y el corazón, y que no leemos en los libros, recibe el nombre de oración mental. En la oración vocal es cuando le hablamos a Dios; en la oración mental Él nos habla a nosotros. Es en ese momento que Dios se vierte en nosotros.

La oración mental es sumamente valorada debido a su simplicidad, esto es olvidarnos de nosotros mismos al trascender el cuerpo y nuestros sentidos y las frecuentes aspiraciones que alimentan nuestras oraciones. San Juan Vlanney dijo: "En la oración mental debemos cerrar nuestra boca y abrir nuestro corazón".

სჳ൜ი

Ahora ya tenemos una opción que nos deja sin excusas; así podemos orar cada vez que lo deseemos, ya no podremos culpar al ajetreo diario, la falta de tiempo o de privacidad, pues cada momento que estamos dispuestos a conversar con Dios lo tendremos al alcance de nuestros pensamientos. No importa el tipo de oración realicemos, lo importante es orar.

CRISO

La oración agranda nuestros corazones hasta que son capaces de contener el gran regalo de Dios de su presencia. Pregunta y busca y tu corazón crecerá lo suficiente para recibir al Señor y conservarlo como propio.

CRISO

El amor se ha vuelto un tema tan abstracto con el paso del·tiempo que ahora no sabemos muy bien cómo aplicarlo o encontrarlo; esto podemos corroborarlo en las altísimas tazas de divorcios que las sociedades modernas registran cada año. Los jóvenes resienten esta confusión; sin ir más lejos, el día de hoy al ir caminando por la calle, pude escuchar el comentario de una jovencita a otra: "no importa que no me quiera, siempre y cuando me de dinero". ¿Podemos caer más bajo como especie?

Hasta dónde permitiremos que la locura que hemos sembrado nos siga contaminando y haciéndonos perder la perspectiva de lo importante que resulta amarnos los unos a los otros. Debemos abrir nuestro corazón y permitirnos sentir amor.

இ௸

El amor es una fruta que se da en todas las
temporadas y al alcance de cualquier mano.
Todos podemos reunir amor, pues no se ha
establecido un límite para ello. Cualquiera puede
alcanzar este amor por medio de la meditación,
la esencia de la oración y el sacrificio por medio
de una gran vida interior. Pero, ¿realmente
tenemos esa vida?

இ௸

Como mencionamos antes, la oración es el medio para comunicarnos con Dios, pero también la forma de lograr un equilibrio en nuestro interior. Es el estado en el que logramos esclarecer algunas de nuestras dudas, donde analizamos nuestros aciertos y equivocaciones bajo el amparo de la luz divina.

இ௸

Aun cuando cometemos pecado o un error,
debemos permitirnos que esa circunstancia nos
acerque todavía más a Dios. Debemos decirle
humildemente: "Sé que no debí de haber hecho
esto, pero aún esta falla te la ofrezco a ti".

¿Soy una luz oscura? ¿Una falsa Luz? ¿Un
foco sin la conexión, que debido a eso no emite
radiación alguna? Debemos poner todo nuestro
corazón para convertirnos en una luz brillante.

¿Es mi corazón tan limpio que puedo ver el
rostro de Dios en mi hermano, mi hermana,
en esa persona de raza negra, en la de la raza
blanca, el desnudo, el que sufre de lepra,
el moribundo? Ésta es la meta
por la cual debemos orar.

CRBO

Generalmente ocupamos el momento de ir a la cama para realizar nuestras oraciones, así es como nuestros padres nos han enseñado y a su vez nuestros abuelos enseñaron a nuestros padres, y en verdad no hay nada de malo en eso, sin embargo, nuestra capacidad de orar con atención se ve minada por el cansancio y la almohada. Pero aún así, éste es un excelente momento para orar.

CRBO

Cada noche antes de ir a la cama debemos
realizar un examen de conciencia (porque no
sabemos si estaremos vivos en la mañana). Lo
que sea que te esté molestando, o cualquier
mala acción que hayas podido hacer, necesitas
arreglarlo. Por ejemplo, si te has robado algo,
trata de regresarlo.

Dios fluye en nosotros. Eso es lo que le da un
hermoso poder. No importa dónde estés siempre
y cuando tu corazón esté limpio. La limpieza
de corazón significa honestidad, esa libertad

completa, el desprendimiento que te permite
amar a Dios sin restricciones, sin obstáculos.

Nuestras oraciones deben ser palabras ardientes
que provienen de la caldera de nuestro corazón
rebosante de amor. En nuestras plegarias
debemos hablar a Dios con gran reverencia y
confianza.

No te adelantes o te rezagues; no grites o
guardes silencio, pero devotamente, con gran
dulzura, con natural simplicidad, sin ninguna
pena, ofrece tu oración a Dios con la entereza de
tu alma y corazón.

❦

La oración nos ayuda a abrir nuestras mentes y a colocarnos en un plano distinto de pensamiento, lo que nos ayuda a tener mayor comprensión de la vida y los que nos rodean.

Aunque algunas veces nuestras aflicciones nos nublan la razón y nos resulta muy difícil mantener la calma, siempre podemos recurrir a la oración para retomar la calma y el equilibrio de nuestras vidas.

❦

Cada día deberíamos renovar nuestra resolución
y animar nuestro fervor, como si fuera el primer

día de nuestra conversión, diciendo: "Ayúdame,
Señor Dios, en mi buena resolución hacia el
santo servicio, verdadera y realmente dame la
gracia este día para comenzar, porque lo que he
realizado hasta este día es nada".

☙❧

La claridad mental que nos brinda la oración nos ayuda a entendernos a nosotros mismos, pues esa es la base de la comprensión a los demás, de esta forma dejaremos poco a poco de realizar juicios maliciosos a nuestro prójimo, pues debemos ser honestos con nosotros mismos y cada vez que estemos a punto de juzgar a alguien, debemos colocarnos en sus zapatos para saber si su actitud o reacción es tan mala como creemos.

☙❧

Sean generosos y comprensivos. Que nadie que
se haya acercado a ustedes se aleje sin sentirse
mejor y feliz. Sean la verdadera expresión de la
bondad del Señor: bondad en su rostro, bondad
en sus ojos, bondad en su sonrisa, bondad en su
afectuoso saludo.

☙❧

Estas palabras, aunque parecen fáciles, fueron la norma de conducta de la Madre Teresa y sus seguidores, así que si una mujer pequeñita y de avanzada edad, armada con un crucifijo, un gran corazón y una amorosa sonrisa pudo realizar la enorme labor de amor que dejó como legado a la humanidad, ¿no crees que por lo menos podríamos intentar sonreírle a nuestro prójimo?

Todos estamos llamados a esta labor de amor, pero las mujeres, debido a su condición de dadoras y cuidadoras de la vida, son las que tienen las cualidades necesarias para llevar a los demás a una mejor relación entre nosotros.

ᎧᏞᏞᎧ

Las mujeres tenemos en nuestros corazones
la hermosa capacidad de comprender el amor.
Lo observo emocionada en nuestra gente, en
nuestras mujeres pobres que cada día de su vida
soportan el dolor y lo abrazan por el bienestar de
sus hijos. He visto a padres y madres privarse
de lo mas elemental, e incluso mendigar, tan sólo
para que a sus hijos no les falte lo más necesario.
He visto a una madre, abrazando y acariciando
amorosa a su niño incapacitado, a su hijo.
Tenía un profundo y comprensivo amor
por el dolor de su hijo.

ᎧᏞᏞᎧ

CAPÍTULO VII

UN PLAN DE TRABAJO

Debemos hacer de nuestra vida espiritual un verdadero plan de trabajo; por nuestro bien y por el de las personas que nos rodean, debemos poner más afán en ser mejores seguidores de Cristo e hijos de Dios; debemos dejar de lado nuestro ego y soberbia para poder comprender lo que este mundo realmente necesita. De la misma manera que podemos llegar a comprender a los que nos rodean, de igual manera podemos llegar a entender la pobreza y de esa forma ayudar a erradicarla.

❧

Tener un entendimiento intelectual de la pobreza
no significa que la hayamos comprendido.
Mientras caminemos por los barrios sumidos

en la pobreza, asombrándonos o sintiendo pena
por todas las cosas que vemos, no podremos
comprender lo que es la pobreza y mucho menos
entenderemos sus aspectos positivos y negativos.
Tenemos que sumergirnos en la pobreza, vivirla
y compartirla.

ॐ

Y de ninguna manera lograremos erradicarla dando piadosas limosnas, pero sin embargo, eso ayuda. Aunque nuestra perspectiva de este asunto puede ser un poco práctica y radical, pues muchos de nosotros no damos limosna a los mendigos porque los vemos fuertes para trabajar, porque sentimos que nos están timando, porque los niños le dan todo el dinero a sus padres, porque el dinero que les damos lo ocupan para alcohol o drogas; pero si reflexionamos lo suficiente en este asunto, veremos que estamos cayendo en un error que mencionamos unos cuantos párrafos antes, pues estamos juzgando sin saber la realidad de esas personas.

ॐ

Para mejorar su futuro, la India requiere
técnicos, estudiosos, economistas, médicos y
enfermeras. Así como planes y acción general
compartida y perfectamente organizada. Pero,
¿algún día podrán realizarse estos sueños?

Realmente no lo sabemos, pero mientras, la gente tiene que seguir con sus vidas. Tenemos que alimentarlos, curarlos y vestirlos. Lo que hacemos es el presente de la India y mientras este presente dure, debemos prestar ayuda, y la caridad conserva todo su valor.

৩৪৩

Ahora debemos entender que debemos dar sin pensar el destino que tendrá esa moneda o billete que demos como limosna, debemos concretarnos a realizar nuestra parte del trabajo, como dice el conocido dicho popular: "Haz el bien sin mirar a quien". No debemos juzgar a las personas que piden ayuda de nosotros, tal vez esa es una de las razones por las cuales el mundo es lo que es, porque ya no creemos en la gente, porque tememos sentirnos engañados. Si la persona a la que le brindamos la limosna hace mal uso de ella no es culpa nuestra, nosotros vimos en esa persona la posibilidad de hacer el bien, como dice la Madre Teresa: "en esa persona vemos el rostro de Jesús y le tendemos la mano".

Es hasta ese punto donde nuestra ayuda termina con respecto a esa persona, por supuesto que podemos hacer más, tal vez iniciar una orden en la cual ayudemos a la gente como lo hacen en la India las Hermanas de la Caridad, pero siendo realistas, ese ideal, de momento para muchos de nosotros, resulta demasiado elevado, así que comencemos dando pasos pequeños, que ya llegará el momento de echarnos a correr.

CℜⱭ

Pero debemos recordar que cualquier acto que realicemos por el prójimo debe estar impregnado, rebosante y atiborrado de amor.

Trabajar sin amor es una esclavitud

CℜⱭ

Esto mismo debemos aplicarlo a nuestra vida diaria, aunque en muchas ocasiones no podemos elegir el trabajo que queremos o merecemos, y muchas veces terminamos haciendo cosas que no nos agradan o no nos llenan por completo. Sin embargo, en dicha situación tenemos dos opciones, una de ellas es trabajar con amargura y sintiendo pesar cada minuto del día que dedicamos a esa actividad, y el otro es entender que ya estamos en ese camino, así que ¿por qué no hacerlo con alegría y tratando de pasar el momento de la mejor manera posible? Ahora que si tienes la fortuna de contar con un trabajo que es considerado importante por el resto de la sociedad, entonces no te vanaglories demasiado por ello, pues podría convertirse en soberbia, así que el mejor consejo que la Madre Teresa nos puede brindar es no perder nunca de vista el rostro del Señor.

꧁꧂

No debemos considerarnos como indispensables pues Dios tiene sus caminos y sus medios. Él puede hacer que incluso en las manos de la Hermana más talentosa y diestra, las cosas pierdan claridad y se hagan complicadas. Dios sólo contempla su amor. Ella podría trabajar hasta desfallecer, incluso dejar la vida en el trabajo, pero si esta labor no está impregnada de amor, es completamente inútil. Dios puede prescindir del trabajo de esta dedicada Hermana. Dios nunca le preguntará cuántos libros ha estudiado, cuántos milagros ha realizado, sino cuánto ha sido capaz de entregar por amor a Él.

La vanidad y el orgullo deben permanecer fuera de nuestro trabajo, pues nuestra obra debe ser la obra de Dios. Los pobres pertenecen a Él. Sométanse completamente a la influencia de Jesús de tal forma que Él pueda pensar sus propios pensamientos en las mentes de ustedes, realizar su obra por medio de las manos de ustedes. Serán capaces de cualquier cosa al lado de aquel que es su fuerza.

꧁꧂

Es posible que ahora tengamos una nueva actitud ante ese trabajo que no nos agrada, pero que gracias a él podemos llevar pan a nuestras mesas, así que si ya estamos en ese predicamento, pues pongamos todo nuestro corazón en ello, así que debemos hacer todo con alegría.

La alegría es la trompeta que viene anunciando por el camino la llegada de amor. Es el sentimiento que llena de luz nuestros corazones y nos permite iluminar nuestra vida y la de los demás, haciendo posible que podamos compartir el amor que sentimos por la vida con los que nos rodean. Cuando nos encontremos en un momento de nuestra vida en el que nos resulte difícil conservar este estado de ánimo, es hora de regresar a la oración y recuperar el amor por la vida.

ᏣᏁ

En nuestra obra es tan sólo la expresión del profundo amor que sentimos por Dios. Debemos volcar todo este amor sobre alguien. El mejor medio para expresar nuestro amor por Dios son, sin duda, las personas.

Es necesario e imperativo que dediquen por lo menos media hora por la mañana y media hora por la noche a la oración. No es necesario abstraerse de todo para hacerlo, pueden orar mientras realizan su trabajo, ya que éste no

impide que oremos y orar no impide trabajar.
Sólo tenemos que elevar por un instante nuestra
mente hacia Dios y decir: "Te amo, Señor
mío, toda mi confianza está en ti, toda mi fe
se encuentra en ti, y es en este momento que
te necesito, justo en este momento". Estas son
oraciones muy pequeñas, pero que son capaces
de realizar milagros.

☙❦☙

Ahora que ya entendemos que debemos hacer todo con alegría y amor, también entendemos que esto es lo que le da validez a nuestro trabajo y que ayudará a hacer de este mundo un mejor lugar para vivir.

El trabajo con amor sólo trae felicidad y poco a poco comenzaremos a sentir el verdadero amor por nuestro prójimo.

☙❦☙

Orar es un verdadero regocijo. La oración es el
brillo de sol del amor de Dios, es la esperanza
de la felicidad eterna, es la llama ardiente del
amor de Dios por ti y por mí. Debemos orar
por nosotros, porque esta es la mejor manera de
amarnos los unos a los otros. Debemos llenar
nuestros corazones con un gran amor. No

imagines ese amor, pues debe ser verdadero y
ardiente para ser extraordinario.

❧

Cuando logremos sentir un amor de esa magnitud, estaremos sintiendo más fuerte que nunca la presencia de Dios y su amor por nosotros.

Recordemos que Él no se impone en nosotros, así que su presencia nunca será una imposición en nuestras vidas, Él está ahí esperando que lo busquemos y lo aceptemos en nuestras existencias, porque sólo amor tiene para nosotros.

❧

Dios nos ama a todos y cada uno de nosotros con
un amor sumamente tierno y personal.
Su necesidad de mí es mucho más amorosa
que la que yo siento por Él.

No existe límite alguno para el amor de Dios.
Es ilimitado y su profundidad
no puede ser sondeada.

La mejor manera de mostrar tu gratitud a
Dios es aceptando cada suceso de tu vida con
gran regocijo. Un corazón lleno de júbilo es el
resultado de un corazón ardiendo de amor.

Esa amorosa espera de Dios puede durar toda tu vida, podrías llegar al final de tus días y nunca haberte dado la oportunidad y el gozo de conocerlo realmente. Él seguirá esperándote, con la misma amorosa y firme paciencia con la que espera a cada uno de sus hijos, hablándonos con la esperanza de que nosotros escuchemos su voz y decidamos aceptar el diálogo.

❧

En el silencio del corazón es donde Dios habla.

¿Qué es lo que nos dice Dios? Él nos dice:

"Te he llamado por tu nombre, eres mío, el agua no te ahogara, el fuego no te quemara, rendiré naciones por ti, eres sumamente valioso para mí, te amo. Inclusive si una madre pudiera olvidar a su hijo, yo no me olvidaré de ti.
Te he modelado en la palma de mi mano."

❧

❧

Nunca seremos capaces de hablar si no escuchamos primero, a no ser que hayamos logrado establecer nuestra conexión con Dios. Desde la plenitud del corazón, la boca emitirá palabra, la mente logrará pensar.

❧

Cuando por fin logramos escuchar la voz de Dios, nosotros mismos vamos dejando de lado esas tontas ideas de que somos mejores seres humanos que la persona de al lado. Que nuestros logros nos convierten en ciudadanos de primer nivel mientras que el resto no merece el honor de compartir el mundo con nosotros. Debemos recordar que nuestro paso por este mundo es efímero; recuerdo vagamente una historia que me contó una amiga hace unos días acerca de una persona que había llegado hasta el sitio donde un monje budista tenía su vivienda y al entrar sólo vio una modesta cama, una silla, una mesita, un vaso y un plato. Esto intrigó enormemente al visitante y le preguntó al monje:

—¿Esto es todo lo que posees? ¿No tienes más comodidades o posesiones?

El monje esbozando una comprensiva sonrisa le respondió a su invitado: —Poseo poco porque viajo ligero, mi paso por este mundo es breve.

ᘓᘏᘒ

Todos y cada uno de nosotros somos tan sólo un instrumento de Dios. Debemos realizar nuestra tarea en este mundo, y después desaparecemos.

ᘓᘏᘒ

¿Estas palabras han logrado ubicarte? No importa cuánto dinero logres acumular en esta vida, o cuántos reconocimientos te otorgue la sociedad, pues una vez que llegue tu momento, simplemente desaparecerás. No podrás llevarte nada cuando mueras, tan sólo la satisfacción de haber vivido lo mejor que pudiste y de la manera que Dios te inspiró.

No importa si en tu vida llegaste a ser una súper estrella del deporte o el cine, el mejor científico del mundo o si recibiste el premio más importante que cualquier persona pudiera recibir, nada de esto importa, pues no te lo llevarás en el momento en que Dios reclame tu presencia a su lado. Así que lo mejor que podemos hacer es realizar nuestras tareas con nuestro mayor esfuerzo, amor y alegría, recordando que sólo somos instrumentos de la voluntad del Señor.

CBEO

¡Podemos aprender tanto de la Virgen María!
Su humildad fue enorme debido a que se entregó
completamente a Dios. Estaba pletórica de
gracia, y ejercía plenamente el poder que nuestro
Señor le había conferido: la gracia de Dios.

CBEO

Uno de las acciones mas significativas y bellas de Nuestra Señora fue cuando, tan pronto llegó a su vida Jesús, corrió presurosa al lado de su prima Isabel que también estaba esperando a su hijo y compartir con ellos a su futuro bebé. En los Evangelios podemos leer que aquel niño brincaba en el vientre de Isabel, su madre, lleno de alegría al haber tenido el primer contacto con Cristo.

La Virgen María era como un maravilloso cable conductor, pues le permitió a Dios llenarla por completo por medio de su entrega y obediencia total: "Hágase en mí según tu palabra, quedó llena de la gracia del Señor, la misma que llevó hasta Juan para transmitírsela".

Así que pidámosle a Dios en este momento que nos haga sus instrumentos para recorrer el mundo, y especialmente nuestra comunidad, para que de esa forma sigamos conectando los cables de los corazones humanos a la fuente de energía de Jesús.

Si en este momento te parece difícil que alguien pueda olvidarse de la vanidad y arroparse en la humildad, olvidándose de sus logros y posesiones como objeto de presunción, tan sólo debemos de voltear a la India y ver la maravillosa obra de amor que la Madre Teresa logró y, sin embargo, nunca perdió el piso manteniendo su alma en ese sentido de humildad y trabajando para todas aquellas personas que el resto de la sociedad prefiere olvidar. Pero la increíble religiosa fue el mejor ejemplo de humildad y deseo por hacer un cambio en el mundo.

La humildad no es otra cosa que la verdad, pues según las palabras de San Pablo: "¿Qué poseemos que no haya sido recibido de otro?". Y si bien, todo lo que poseo lo he recibido de otro, entonces

¿qué bienes propios puedo poseer? Si logramos convencernos de esto nos olvidaremos de levantar nuestra cabeza en señal de arrogancia. Si somos humildes, entonces nada nos podrá afectar, ni las discusiones ni la difamación, porque sabemos exactamente lo que somos. Si somos acusados, no nos desmoralizaremos. Y si somos llamados unos santos, entonces nunca nos subiremos a un pedestal.

Podemos estar seguros de que la voluntad de la Madre Teresa no siempre fue firme, algunas veces tuvo que hacer grandes esfuerzos para permanecer enfocada y con su objetivo muy presente, pero cuando esos momentos llegaban sabía perfectamente que el Señor estaba a su lado y que sólo tenía que hablar con Él para restituir su voluntad y fuerza. Esta increíble mujer recurría a la oración que San Francisco de Asís compuso para sí mismo hace más de ciento cincuenta años.

എൽ

Señor, conviérteme en instrumento de tu paz.

Donde haya odio, déjame infundir amor.

Donde haya injurias, déjame infundir perdón.

Donde haya fricción, déjame infundir unión.

Donde haya un error, déjame infundir acierto.

Donde haya duda, déjame infundir verdad.

*Donde haya desesperación, déjame infundir
esperanza.*

Donde haya oscuridad, déjame infundir luz.

Donde haya tristeza, déjame infundir alegría.

*¡Oh! Gran Amo, garantízame
que no debo buscar más,*

para ser consolado así como consolar;

para ser entendido, así como entender;

para ser amado, así como amar;

porque en el dar está el recibir;

en perdonar está el ser perdonados;

en morir es que nacemos a la vida eterna.

También dejó consejos para todos nosotros que desesperamos en nuestros intentos de orar de manera correcta y que hemos fracasado en muchas ocasiones.

Intentamos con tanto ahínco orar de manera correcta y entonces fracasamos. Nos desanimamos y entonces nos rendimos. Dios nos permite los errores pero no quiere que nos desanimemos. Él quiere que seamos como niños, más humildes, más agradecidos en la oración.

Las diferencias que hemos marcado como naciones, poniendo un papel en lugar del corazón, han dejado que las rejas con picos separen lo que Dios creó como un mundo de hermanos. El color de las banderas nos distinguen unos de otros, el color de nuestras pieles nos separan de manera incoherente, las lenguas que hablamos nos hacen difícil la comunicación. El papa Juan Pablo II tuvo una participación muy activa —quizá vital en la caída del muro de Berlín. Estas ilógicas separaciones las entendía muy bien la Madre Teresa y nunca estuvo de acuerdo con ellas.

No es cierto que existan diferencias entre los países, porque en todos ellos siempre habrá

personas. Es posible que tengan diferencias en
su físico o su forma de vestir, tal vez su forma
de ser educados varíe de una posición económica
a otra; pero realmente todos son iguales. Todas
esas personas necesitan amar y ser amados; pues
todos ellos están desesperados por sentir amor.

⊗⊗

Ahora vemos esas líneas en los mapas con las que unos señores en sus trajes tan formales y de gestos tan adustos han logrado separar a las personas, convirtiendo regiones completas en lugares de tercera categoría o supuestos paraísos de lujo, pero ¿esas divisiones hacen que las personas sean o no mejores seres humanos? Tal vez en algunas partes del mundo, las personas no tengan que pelear por lograr llevar un poco de comida a sus familias, tal vez tangan la comodidad de caminar unos metros y poder adquirir todo lo que a su paladar agrade; pero eso no los hace mejores seres humanos que los que viven en las regiones más pobres.

⊗⊗

La defensa de sus fronteras es un tema que
mantiene a todas las naciones sumamente
ocupadas, ocupación en la que invierten mucho
tiempo y dinero. Es muy poco lo que conocen
de la pobreza y el dolor que reina en los países
donde viven los pobres marginados. Si realmente

quisieran defender a estas personas indefensas
con alimentos, vivienda y vestido, me parece que
el mundo ganaría mucho en felicidad.

ᗱᗰᗱ

Pero todos esos esfuerzos deben estar inspirados por el amor, y sin duda alguna, esa es una inversión que ningún gobierno está dispuesto a realizar, sin embargo, los ciudadanos de cada país podemos hacer la diferencia, utilizando la primera herramienta que Dios nos dio; tal vez sea la más poderosa, puede romper muros de hielo entre las personas y hacer arder al corazón más seco: la sonrisa.

Pongamos atención en el verdadero valor de una sonrisa, pues imaginemos una ciudad en la que nadie sonríe, todo mundo sale a la calle y se cruza en el camino con sus vecinos, pero nadie sonríe. Todo mundo se sube al subterráneo, toman sus asientos mientras que los demás van de pie, el vagón va completamente lleno de personas que no sonríen ¿Pueden sentir el clima gélido del ambiente en ese lugar? Imagínense llegando a casa, al abrir la puerta su familia se encuentra sentada a la mesa, todos voltean para verlo llegar y tal vez saludan, y nadie sonríe, ¿no les parece aterrador? ¿Qué pasaría si un día la vida decide robarnos la sonrisa? ¿Acaso no les parece que sería una aterradora y desdichada vida?

Si eso sucediera, simplemente el amor perdería la mecha para hacer explosión. No me parece exagerado afirmar que se acabaría la vida como la conocemos, pues la vida comienza con el amor. La sonrisa es lo que desata ese hermoso sentimiento que nos llena y nos hace hacer locuras, así como mostrar nuestro verdadero ser a los demás, así es como comienza el afecto.

Esa es la principal causa de tantos problemas que tenemos como sociedad, nos tratamos los unos a los otros con desprecio y desinterés. Cuando vemos a uno de nosotros caído, nadie se detiene a brindarle la mano o una sonrisa, todos nos apuramos a realizar el primer juicio; es ahí donde comienza nuestro error más grande como seres humanos.

෪ඇ

Cada día que pasa me siento más convencida de que la peor enfermedad que puede caer sobre el ser humano es la falta de afecto. Muchas medicinas se han creado para curar la lepra y la tuberculosis. Pero, a no ser que existan manos dispuestas a servir y corazones disponibles para el amor, la enfermedad de no ser amados resultaría incurable.

Es preciso que vayamos al encuentro de las personas, no importa si viven cerca o lejos, que sean pobres materiales o pobres espirituales.

Pueden sufrir de hambre de pan o hambre de
amistad. Pueden estar desnudos del cuerpo o
del deseo de conocer las riquezas que el amor
de Dios les ofrece. Pueden no tener un hogar o
cobijo de ladrillos, o quizá un refugio construido
con amor en nuestros corazones.

CREO

Esta misma indiferencia es la que en muchos de los casos ha sumido a personas en vicios tan terribles como el alcohol o las drogas. Cada vez que vemos una persona que se encuentra atrapada en las garras de estas terribles enfermedades, simplemente la evitamos mientras opinamos lo inútil o débil que es ese ser humano. ¿Sería igual la vida de estas personas si supieran que alguien en el mundo les tiende la mano y se interesa en ellos? La Madre Teresa pensaba así.

CREO

Cierto día, mientras caminaba por las calles de
Londres, vi a un hombre en estado de ebriedad.
Su aspecto era tan lastimero y miserable que
me conmovió el corazón, así que me acerqué
a él, tomé su mano y la estreché mientras le
preguntaba "¿Cómo está usted?". Nunca tengo
las manos frías. Ese hombre levantó la cabeza y
exclamó:" ¡Oh, hace tanto tiempo que no sentía
el calor de una mano amiga!".

En ese momento, su rostro pareció iluminarse
y transformarse. Es por eso que les digo que
las pequeñas cosas, realizadas con mucho amor,
pueden llevar paz y alegría a los desprotegidos.

ᘓᘔ᙭

Este amor no sólo es para los que nos rodean, pues es muy conocido el dicho "el buen juez, por su casa empieza", así que los primeros en recibir nuestro amor deben ser los miembros de nuestra familia, pues es la base de la sociedad. Seguramente tendríamos calles mucho más tranquilas si todas las familias trabajaran en demostrar su amor entre sus miembros. Muchas carreras criminales comienzan porque a un pequeño niño nadie le dijo que lo quería o nadie se preocupó por su bienestar.

Debemos comenzar a demostrar el amor que sentimos por cada uno de los miembros de nuestra familia, en especial nuestros hijos, debemos interesarnos por sus asuntos, sus amigos, la escuela y muchos otros aspectos que llenan la vida de los hijos. Si nuestros pequeños crecen en un ambiente lleno de amor, seguridad y armonía, es mucho más improbable que en algún momento se desvíen del camino del bien. Todo gracias a una buena y fuerte familia.

ᘓᘔ᙭

En los Evangelios podemos leer acerca de
la familia. El hombre y la mujer contraen

matrimonio, uniéndose el uno al otro para
volverse una sola cosa. Se unen. ¡Qué hermosa
palabra! Toda la familia debería conocer y sentir
desde lo más profundo de su ser: "Nada ni nadie
puede separarnos". Fue San Pablo quien dijo:
"Nada, nadie, ni las persecuciones, ni esto,
ni aquello…", pero nosotros nos limitaremos
a afitrmar: nada ni nadie puede separarnos
del gran amor de Cristo. Formamos una sola
familia, una sola. Con su amor indiviso por
Cristo. Un solo corazón en el corazón de Dios.

⋘⋙

En estas palabras podemos apreciar la importancia que tenía para la Madre Teresa la familia, pues de ella proviene la fuerza de una comunidad, una ciudad, un país y un mundo. Una pared no es sólida por su tamaño, sino porque cada granito de piedra está bien adherido al resto de ellos y juntos forman una piedra, que a su vez forma un ladrillo, que a su vez forma esa pared. Entonces podemos ver que el cambio importante debe ser realizado desde el individuo que afecta a su familia, a su vez al país entero y hasta el mundo. Vale la pena intentarlo.

⋘⋙

El mundo de hoy está repleto de problemas
y creo que el origen de muchos de ellos se
encuentra en el seno familiar. El mundo

sufre demasiado debido a que no hay paz. Y precisamente falta paz en nuestro mundo debido a que no hay paz dentro de la familia, resultando en muchísimos hogares desintegrados. Debemos volver nuestros hogares centros de infinita compasión y perdón inagotable, y así cooperar para que la paz vuelva a establecerse.

¿Adónde se propaga el amor? El primer lugar es por la casa. Esa es la razón por la cual soy tan estricta con mis colaboradores. Siempre les digo una y otra vez: "Primero la familia, pues ese es el lugar para el encuentro del amor". Si debes lavar los pañales del bebé, si debes preparar la cena para tu esposo, eso es lo primordial.

Atiende tu hogar, pues ese es el lugar al que todos irán buscando al amor. Porque si no te entregas al cuidado del hogar, donde el amor mutuo reside, entonces ¿cómo quieres que crezca tu amor por el prójimo?

ॐ

El entorno familiar es muy importante dentro de la obra de la Madre Teresa, pues ella misma logró aprovechar lo mejor de la vida en familia, aunque su padre murió cuando ella era muy joven, su madre la sacó adelante y le infundió el amor por Dios, logró hacer de ella un ser humano excepcional que hizo grandes cosas por la humanidad. ¿Podemos tener un mejor ejemplo de la importancia de la familia? Si la pequeña Inés hubiera nacido en otra familia, tal vez la historia sería completamente diferente.

❦

Cuando era niña aprendí a trabajar, y a hacerlo de manera ardua. Tengo la creencia de que la idea de ayudar al prójimo nació de mi propia gente, de mi familia. Mi madre era fiel creyente de Jesús y ella fue quien nos enseñó a orar. Debemos enseñar a orar a nuestros hijos, oremos con ellos. Jesús se convirtió en el pan de la vida para darnos Su vida. Para que siguiéramos su camino.

Debemos ser como Jesús, que la compasión nos llene, que la humildad nos llene el uno para el otro. Pues si amamos a nuestro prójimo, lo amamos a Él. ¿Cómo demostramos ese amor? No por medio de grandes cosas, sino de cosas pequeñitas, pero que hacemos con mucho amor. Cuando la dulce Teresa del Niño Jesús, la "pequeña florecita" fue canonizada, el Papa dijo: "Ella realizó cosas comunes, pero con un amor nada común".

❦

Así que decidamos comenzar a cambiar el mundo, pero dejemos por un lado los grandes ideales, no permitamos que en nuestras intenciones se mezclen los grandes efectos o los grandes adornos, dejemos nuestro objetivo simple por el momento, pues nuestra forma de cambiar al mundo deberá empezar por nosotros mismos, después nuestra familia y así progresivamente, pero teniendo bien presente que el primer cambio debe ser personal.

Todas las personas que colaboran con la increíble Madre Teresa han pasado por esta experiencia, y tras haber comenzado por el cambio personal, estuvieron listas para proyectarlo sobre los demás.

෴

Nuestras Hermanas realizan su labor alrededor de todo el mundo, y han visto los problemas, de cualquier clase de miseria y sufrimiento. Pero, ¿de dónde viene tanto sufrimiento?, la respuesta es fácil, proviene de la carencia de amor y oración. La unión familiar, orar juntos, reunirse y permanecer unidos, se ha perdido con el paso del tiempo. El amor comienza en nuestros hogares, y es ahí donde encontraremos a los pobres.

Tenemos una casa en Londres. Nuestras Hermanas laboran ahí de noche, a esa hora salen del albergue a recoger pobres de las calles. Cierta noche, cuando ya era muy tarde, en su paso encontraron a un hombre joven tirado en la acera y le dijeron: "Es con tus padres donde deberías estar y no en este lugar"; aquel joven levantó la cabeza y respondió:

"Cuando voy a mi casa, mi madre no me recibe debido a que tengo el cabello largo, así que cada vez que voy para allá, ella me echa". Las Hermanas siguieron su camino, pero para cuando regresaron, aquel joven había tomado una sobredosis de droga y tuvieron que llevarlo al hospital. Evitando hacer un juicio erróneo, pensé que, tal vez su madre se encontraba ocupada combatiendo el hambre de nuestra gente en la India, y por eso no podía ver a su propio hijo, que se encontraba hambriento de ella, de su amor, del cuidado que ella se rehusaba a darle.

Es sencillo amar a todos aquellos que se encuentran lejos, pero no siempre resulta sencillo encontrar una taza de arroz para acallar el hambre, para combatir a la soledad y el dolor de alguien que se siente marginado y sin amor en su propia casa. Debemos llevar amor a nuestros hogares, porque ahí es donde debe empezar el amor por el prójimo.

ೞ

Olvidémonos de las excusas, hagamos sinceramente nuestro mejor esfuerzo.

Mantengamos nuestros ojos abiertos para no permitir que los detalles verdaderamente importantes de nuestras vidas se nos pasen, mantengámonos alertas para no descuidar el flujo de amor con nuestros familiares más cercanos, para no negar un minuto de nuestro tiempo a nuestros hijos.

Nunca olvidaré a mi madre. Todo el día se encontraba ocupada, pero cuando llegaba la tarde, se apresuraba a terminar sus tareas para estar disponible y arreglada para recibir a mi padre.

En ese tiempo, nosotros, los niños, no lográbamos entender. Nos reíamos de su esfuerzo, algunas veces nos reíamos de ella y le hacíamos bromas. Pero ahora que soy adulta me emociona el recuerdo de aquel amor lleno de ternura que mi madre sentía por mi padre. Sin importar qué sucediera, ella siempre estaba ahí, sonriente para recibirlo.

En estos días pareciera que el tiempo se ha acabado para este tipo de cosas. El padre y la madre se encuentran demasiado ocupados. Ahora, cuando los hijos llegan a su casa, no encuentran a nadie que los reciba con amor y una sonrisa.

Es probable que nuestros hijos, nuestro esposo, nuestra esposa, no sufran de hambre, tengan ropas que vestir y tengan un techo sobre sus cabezas. Pero, ¿estamos seguros de que en nuestra familia no existe un miembro que se sienta rechazado, indeseado, que nadie lo quiere? Pongamos profunda atención en nuestra familia, pues el amor comienza por nuestra casa.

CRED

Reflexionemos en el tipo de relación que tenemos con nuestra familia: ¿les damos la libertad necesaria para que crezcan y se desarrollen? ¿Les permitimos escuchar el tipo de música que les agrada? ¿Les permitimos utilizar las ropas que les hacen sentirse cómodos? Estos son sólo algunos aspectos que involucran el respeto. Así que, ¿realmente respetamos a nuestros seres amados? Si no observamos estos detalles con nuestros seres amados, ¿qué le espera a nuestro prójimo?

Y se repite la misma cadena que siguen los sentimientos positivos, pues si no respetamos a nuestra familia, nuestra familia no respeta al vecino, el vecino no respeta a los demás y así progresivamente hasta que el asunto, por increíble que parezca, toma tintes alarmantes a nivel mundial, justo como lo estamos viviendo ahora.

೦ഃ൉

El año pasado fui a China de visita respondiendo a una invitación a una conferencia, y uno de los participantes en dicho evento me preguntó: "¿En su opinión, qué es un comunista?". Yo le contesté: "Un hijo de Dios, mi hermano, mi hermana". Y todos tuvieron que guardar silencio. Todos. Un silencio absoluto. Al día siguiente, en todos los periódicos comunistas apareció la siguiente nota: "Un comunista es un hijo de Dios, mi hermano, mi hermana, dice la Madre Teresa". Y yo no mentí. Cada una de mis palabras era cierta, porque la misma amorosa mano nos creó a todos, a ti, a mí, al hombre de la calle. Y nuestro amor debe estar ahí para todos.

೦ഃ൉

Las diferencias religiosas han llevado a algunas regiones del mundo a sufrir horripilantes masacres en las que familias enteras han sido asesinadas por practicar una fe diferente. Pero la Madre Teresa tenía un pensamiento sumamente claro y centrado al respecto de este tema.

CR8O

No tenemos problema alguno por trabajar en diferentes países con diferentes creencias religiosas, como la India. A todos los tratamos como hijos de Dios. Son nuestros hermanos y nuestras hermanas. Les entregamos a todos ellos un profundo respeto.

Nuestro trabajo es animar a los cristianos a que realicen obras de amor, y cada obra de amor, siempre que es hecha con todo el corazón, lleva a la gente a estar más cerca de Dios.

Si aceptan a Dios en sus vidas, todos son compañeros, de lo contrario, es el camino que ellos han elegido.

CR8O

Aún así no pensaba en convertir a todos los seres humanos que se cruzaban por su camino y que profesaban una fe distinta, ella respetaba y quería a esas personas simplemente por ser hijos de Dios, sin importar el nombre que ese Dios tuviera para ellos.

Con toda mi alma deseo estar viviendo un proceso de conversión. No me refiero a los que usted quizá piense. Deseo fervientemente lograr la conversión de corazones. Ni Dios que es todopoderoso puede convertir a todo aquel que en realidad no desee, de manera fervorosa, su conversión.

Nuestra meta, la de todos, a través de nuestra labor, por medio del servicio al prójimo, es lograr una mayor cercanía a Dios. Si cuando logramos encontrarnos de frente con Él, lo aceptamos completamente en nuestras vidas, es entonces cuando nos estamos convirtiendo. Nos convertiremos en un mejor hindú, un mejor musulmán, un mejor católico, esto significa que seremos mejores sin importar cuál sea la religión que profesemos.

Cuando seamos mejores personas, lograremos ir acercándonos a Él, cada día un poco más. Y si logramos incorporarlo a nuestras vidas completamente, con total aceptación, entonces, y sólo entonces, podremos decir que ha sido una conversión.

¿Qué enfoque, qué filosofía utilizaremos para llegar a esta conversión? Yo, por supuesto,

trabajaré a partir del catolicismo, tal vez usted
lo haga partiendo del hinduismo, posiblemente
otro lo hará del budismo, cada uno siguiendo el
camino que su propia conciencia haya trazado.

Y cada uno tendrá que aceptar a Dios de la
misma manera como él mismo lo experimenta en
su mente y corazón. Lo que no me impedirá, en
lo personal, seguir tratando, una y otra vez, de
transmitir lo que llevo en este corazón mío.

ଓଃ଼ଠ

Que maravillosa lección de respeto y amor nos legó en estas palabras; nada por la fuerza, todo según las propias creencias y siguiendo el camino del corazón.

ଓଃ଼ଠ

Para cada persona, lo importante es a qué
Iglesia pertenece, cuál es la fe que profesa. Pues
si cree y piensa firmemente que es el único
camino para llegar a Dios, entonces Él utilizará
ese camino para llegar a esa vida. Si no conoce
otro camino y no tiene dudas que lo lleven a otra
búsqueda, entonces ese será el camino que lo
llevará directamente a la salvación eterna, y el
camino que Dios utilizará para salvarlo.

Pero si le es concedida la gracia y el deseo de conocer más acerca de Dios, acerca de la fe, acerca de religión, entonces está obligado a buscar hasta que logre encontrar a Dios, pues de no hacerlo, perderá su camino. Dios otorga a cada alma que ha creado, la posibilidad de encontrarlo, de encontrarse con Él frente a frente, de aceptarlo o rechazarlo.

CR&O

Después de estas páginas nos hemos logrado plantear una visión bastante clara de la importancia del amor, respeto, comprensión y demás valores que poseemos como seres humanos, sin embargo, nos sentimos deslumbrados por las comodidades que la vida moderna nos ofrece, las comunicaciones, las diversiones, los viajes y tantos estímulos que recibimos.

Tal como la Madre Teresa sentía al respecto, el progreso está bien, pero la modernidad debe tener límites. Ella no permitía la modernidad en sus conventos, pues resultaba ilógico que si sus monjas habían tomado votos de compromiso con los pobres, vivieran de manera confortable y moderna; además, ella pensaba que estas comodidades modernas quitaban tiempo, pues requieren cuidados y para sus colaboradoras los únicos que merecían cuidados eran sus pobres.

En América, resulta sencillo sentirse ahogado por tantos objetos y bienes superfluos. Una vez que los poseemos, estos bienes requieren cuidados y tiempo. Todo esto nos quita tiempo para nuestro prójimo, tiempo que dedicamos a los pobres. Es menester entregar a los pobres lo que los ricos adquieren con su dinero.

❧❧

Es bueno poseer bienes, siempre y cuando nos absorban del placer de pasar tiempo de calidad con la familia o alguna persona que requiera de nuestro apoyo. La televisión es el distractor que más tiempo nos quita al día ¿Cuántas horas al día pasamos frente a ella? Seguramente más que las que invertimos en hacer que nuestra familia se sienta amada, o los minutos que nos tomamos al mes para dar limosna de manera consciente y amorosa.

En estos días de modernidad, la computadora y el internet se han convertido en el lugar común de muchas personas que gustan de pasar mucho tiempo en este mundo digital, pero se ha convertido en un verdadero problema, pues muchas de ellas han perdido su vida social por permanecer en un mundo inexistente e irreal.

Posiblemente la situación económica en la que ahora nos encontramos nos permita tomar algún tiempo más de descanso que lo que su situación le permite a muchas otras personas, pero esto no está mal, el tener un ingreso mucho más desahogado que los demás no es motivo de condena. Pues como la Madre Teresa nos enseñó, la riqueza no es buena ni mala, la diferencia estriba en el uso que se le da. Pues no es la riqueza el mal que corroe a la humanidad, sino el uso que ésta le da. Según las palabras de nuestra amada religiosa, la riqueza no es un derecho, sino una obligación, pues nos es entregada para que la compartamos con los demás.

❧

Ser rico no es ningún pecado, siempre que haya una razón por la que algunas personas puedan darse el lujo de vivir bien. Siempre que la riqueza sea el producto de su trabajo. Sin embargo, corren un riesgo, pues la riqueza puede provocar avaricia y es ahí donde vive el pecado. Todos los tipos de riqueza son un regalo de Dios, y es nuestra obligación compartirlo con los que menos tienen.

Pues, ¿quiénes somos nosotros para juzgar a los ricos? Nuestra obligación es lograr que los ricos y pobres se unan, convertirnos en el punto de contacto entre ellos.

Eviten que el dinero les haga sentir una preocupación tal que olviden que nosotros y

nuestra gente somos mucho más importantes
que los lirios del campo y las aves del cielo ante
los ojos de Dios. Por lo que traten firmemente
de entender más clara e inteligentemente que los
que eligieron esa forma de vida, la forma de vida
de Jesús, serán llevados al perfecto amor de Dios
y su prójimo. Porque eso es la santidad, no el
lujo que se encuentra al alcance de unos pocos,
más bien es una obligación para todos nosotros.

CB80

Es importante que todos tratemos en la manera de lo posible, de inculcar en los niños y jovencitos todos estos ideales y valores, pues ellos crecerán y con ellos en su corazón, haciendo de este mundo un lugar mejor para vivir. Los jóvenes son el futuro, y aunque es una frase sumamente trillada, es completamente cierta, una generación se va y otra se queda, es por eso que es imprescindible que esa generación que está por partir deje una profunda huella en los valores de los jóvenes, asegurando que este mundo no se siga desmoronando como hasta ahora.

CB80

Los jóvenes son los constructores del mañana.
Nuestros jóvenes de hoy están en búsqueda
del altruismo y la generosidad, por eso es que
cuando lo encuentran, lo hacen su estandarte
con gran entusiasmo. Sin embargo, resulta

imposible tener un compromiso total con una
causa sin haber pasado por la oración profunda,
olvidarse completamente de uno mismo y
someterse completamente a la voluntad de Dios.
Nuestra actividad sólo podrá ser completamente
apostólica en la medida en que permitamos que
Cristo trabaje en nosotros, con todo Su poder,
deseo y amor.

Muchos de los sufrimientos que experimentan
los jóvenes son causados por el núcleo familiar,
especialmente por sus madres.

Las madres deben convertir su hogar en un
núcleo de amor. Algunas veces su posición debe
ser dura, sin embargo, el ejemplo de la Virgen
María nos muestra que debemos ser buenos
con nuestros hijos. Nosotras, las Misioneras
de la Caridad, también tenemos que ser madres
y convertir todas nuestras comunidades en
hogares felices.

છ৪৩

Este último comentario de la Madre Teresa no significa que debamos consecuentar los errores de nuestro hijos y celebrarles sus equivocaciones, no es así, más bien nos insta a ayudarlos a ver sus errores, pero no de manera represiva y brutal, sino haciendo uso del amor y el corazón para llevarlos al punto en el que comprendan que se han equivocado. Así nos ayudamos como padres a llevar una mejor relación con nuestros hijos, así como a nuestros hijos a sentirse protegidos y seguros en nuestra presencia, evitando que nos guarden secretos que podrían resultar dañinos para ellos. Como podrán entender, esta labor además de ser ardua es complicada, pero llena de satisfacciones.

☙❧

Ruego por la misma cosa todos los días: por los jóvenes. Es hermoso ver a un joven que ama a una joven, y viceversa; pero debemos estar seguros de que el día que lleguen al matrimonio lo hagan con un corazón puro; que su corazón sea virgen, rebosante de amor. Démosles nuestra ayuda a nuestros jóvenes para que por medio de nuestras oraciones logren conservar puros su cuerpo y alma.

Lo que vemos por las calles, en algunas ocasiones, no es amor sino pasión. Elevemos nuestros ruegos a Nuestra Señora para que les conceda al los jóvenes su corazón, tan puro, tan inmaculado. Ese corazón completamente virginal, pletórico de humildad, para que todos nuestros jóvenes aprendan a amar a Jesús como ella misma lo amó, con un corazón puro, lleno

de amor y compasión. Rogaré por todos ustedes
para que crezcan dentro del amor de Dios,
amándose los unos a los otros como Dios ama a
cada uno de ustedes.

◌❦◌

Pero aunque el mensaje para los jóvenes estaba destinado mayormente a los mayores, la Madre Teresa se preocupó por reunirse con ellos para así poder transmitirles su mensaje, irlos preparando conscientemente para el futuro, que según las propias palabras de la religiosa, les pertenecía.

◌❦◌

A ustedes, los jóvenes, les digo: a ustedes
pertenece el futuro de la vida familiar, a ustedes
pertenece el futuro de la vida de amar. Ustedes
son el futuro y tienen la gran posibilidad de
hacer de sus vidas algo hermoso ante los ojos
de Dios, una vida construida de puro amor. Si
aman a una chica o a un chico, es hermoso. Pero
no lo estropeen, no lo destruyan. Conserven la
pureza, conserven ese corazón, ese amor, virgen
y puro, para que el día que contraigan nupcias
puedan entregarse el uno al otro algo realmente
bello: la alegría de un amor puro.

Pero, si llegaran a cometer un error, les suplico
que no destruyan al niño; bríndense ayuda el

uno al otro para querer y aceptar a ese niño que
aún un ha llegado. No lo maten, porque un error
no se borra con un crimen. Tal vez hayan caído
en el error de la pasión desenfrenada, pero la
vida del fruto de ese amor le pertenece a Dios, y
ustedes, los dos juntos deben protegerla, cuidarla
y amarla. Porque ese niño que viene ha sido
creado a imagen y semejanza de Dios y es un
regalo de Dios.

㈢㈣

Cuando a un joven le hablan de oración, por lo general se aburre y cambia el tema o se muestra rebelde, pero no es completamente su culpa, pues mucho tiene que ver la formación que ha recibido dentro de su familia y también la formación religiosa que ha recibido en su iglesia. Pues generalmente cuando pensamos en religión, inmediatamente vienen a nuestras mentes imágenes de sufrimiento y solemnidad, pero no tiene porqué ser así. Pues cuando éramos pequeños y escuchábamos llegar a nuestro padre del trabajo, nos poníamos felices y dando saltos y gritos, acudíamos hasta la puerta para recibirlo con el corazón rebosante de alegría. Cuando oramos, cuando vamos al encuentro de Dios, no tenemos porqué hacerlo de manera solemne o trágica, al contrario, debemos acudir a Él con toda la alegría que nuestros corazones posean.

CR&O

*Les deseo que la alegría de Cristo resucitado se
encuentre con ustedes, para que así podamos
llevar alegría a lo más profundo de nuestras
almas, pues es ese el motivo por el cual Dios
se ha entregado. Aquel ángel en Belén dijo:
"Alegría". Durante su vida, Jesús quiso
compartir alegría con sus apóstoles: "Que mi
alegría esté con ustedes". Alegría fue la primera
contraseña de los primeros cristianos. San Pablo
solía repetirlo sin cesar: "Alégrense siempre en
el Señor; nuevamente les digo que se alegren".
A cambio de la inmensa gracia del bautismo,
el sacerdote le pide al recién bautizado: "Que
sirvas a la Iglesia con alegría". Cuando uno se
encuentra al servicio de Dios y de las almas,
la alegría no es cuestión de carácter o ánimo.
Algunas veces resulta difícil de conseguir. Pero
aún así debemos esforzarnos más por conseguirla
y hacer que crezca en nuestros corazones.*

CR&O

La alegría encabeza, debajo de la sonrisa, la lista
de cosas primordiales para sobrevivir, pues una vida
sin alegría no es vida, no habría canciones ni silbidos
alegres, la gente caminaría por la calle con ganas de
no llegar a su destino.

Los pájaros no volverían a trinar, los perros no jugotearían más con su pelota de goma. La vida sería gris y aburrida. Además cualquier trabajo que se realiza con alegría termina siendo un buen trabajo.

∞

La alegría se nos va por los ojos; brinca a nuestro encuentro cuando uno habla y camina. No puede ser encerrada en nuestro interior. Actúa alrededor de nosotros.

Cuando la gente puede percibir en nuestros ojos una felicidad habitual, entonces entiende que son los bien amados hijos de Dios. Intentemos imaginarnos a una religiosa que acude a los barrios más pobres y a las villas con un semblante de tristeza y paso lento. ¿Qué podría aportar ella con su presencia a la gente que va a visitar? Tan sólo más tristeza y depresión.

∞

Si bien es cierto que algunas veces, las duras pruebas de la vida nos hacen sumamente difícil mantenernos alegres, es en esos momentos cuando más valiosa se vuelve la alegría, pues nos ayudará a mantener un corazón generoso en la adversidad.

La alegría no es un derecho sino una obligación, pues de esa forma podremos llevar luz a donde sólo habitan sombras, de otra forma nos perderíamos en esas sombras y nos resultaría difícil encontrar el camino de regreso a la luz.

❧❧❧

Dice San Pablo que cada quien debe de actuar de acuerdo a lo que ha decidido, no con una actitud reacia o compulsiva, sino de forma espontánea, pues Dios ama a los que dan con alegría. Aquel que da con alegría es capaz de dar aún más. Si alguien está pasando por dificultades en el trabajo, y toma sus problemas con alegría, con una gran sonrisa, todos aquellos que lo rodean podrán observar en eso una buena obra y alabarán al Padre.

La mejor forma de demostrar nuestra gratitud a Dios y a la gente, es tomar todo con alegría, pues un corazón alegre es el resultado lógico de un corazón ardiente de amor.

❧❧❧

Podría parecer que la alegría de la que nos habla la Madre Teresa es personal, que cada quien tiene la opción de estar alegre o no, pero no es así, ella nos pide que estemos alegres para el beneficio de nuestro prójimo, para que cada cara larga que encontremos en nuestro camino se transforme en una cara alegre gracias al contagio de haber estado en contacto con nosotros.

153

También de esta forma se demuestra el amor por el prójimo, pues lo ayudamos a replantearse su actitud y adoptar una nueva, tal vez con esto le cambiaremos por completo el día a alguien. ¿Verdad que vale la pena ser generosos con el prójimo?

CRBSO

La alegría es una señal de generosidad. En muchas ocasiones es un manto que oculta una vida de sacrificio. Una persona que aún posee el don de la alegría, frecuentemente llega a la cima de la perfección.

CRBSO

CRBSO

Debemos realizar todo lo posible que esté a nuestro alcance para que los enfermos y aquellos que sufren puedan encontrar en nosotros verdaderos ángeles de alivio. ¿Por qué ha sido bendecido por Dios en forma tan especial el trabajo en los barrios pobres? No por mérito personal de las hermanas que lo hacen, sino por la alegría que ellas irradian para los demás.

Algunas veces nos es posible comprobar cómo vuelve la alegría a las vidas de los marginados

cuando se percatan de que muchos de nosotros
se preocupan por ellos y les demuestran su
amor. Hasta su salud muestra mejoría si están
enfermos.

⊂ℨ⧽⧽

Cuando esos momentos difíciles llegan y la alegría pareciera esconderse de nosotros, la Madre Teresa nos recomienda que nos refugiemos en el ejemplo de la Virgen María.

⊂ℨ⧽⧽

Que nuestra Madre María sea la madre de cada
uno de nosotros, y así, la fuente de nuestra
alegría. Que cada uno de nosotros sea Jesús para
ella, y de esta manera se convierta en la causa de
la alegría de su madre. Nadie como María logró
comprender la lección de la humanidad. Ella fue
la sierva, y eso significa estar completamente a
disposición de alguien que nos utilizará según
sus deseos, con plena confianza y alegría.

El buen humor y la alegría fueron el bastión de
resistencia de Nuestra Señora. La alegría fue lo
único que le permitió correr por los montes de
Judea para servir a su prima. Así que crucemos
corriendo los montes de las dificultades.

CAPÍTULO VIII

MÁS CONSEJOS

Como todas las madres, la Madre Teresa se preocupaba por todas las personas, pues para ella todos éramos como sus hijos; en cada una de sus palabras encontraremos valiosos consejos que nos ayudarán a llevar una vida espiritual mucho más tranquila y completa. Diciéndonos siempre que acercarnos a Dios es la fuente de la felicidad y de la fuerza necesaria para llevar nuestros propios problemas y los de los demás.

☙❧

Estoy plenamente convencida de que lograríamos entender todo a la perfección si tan sólo pudiéramos volvernos niños entregados a las manos de Dios. La nostalgia que sientes por Dios es inmensamente profunda, y sin embargo, Él se mantiene alejado de ti. Pero no porque quiera, sino porque está obligado a hacerlo por el enorme amor que siente por ti, pues es tan grande su amor que entregó a su hijo, Jesús, para que diera la vida por ti y por todos nosotros en la cruz. Cristo ansía ser esperanza.

Rodeado como te encuentras de la plenitud del alimento vivo te dejas morir de hambre. El amor de Cristo por ti es infinito. Las dificultades que puedas llegar a experimentar con respecto a la completa aceptación de su Iglesia son finitas y la única forma de superarlas es por medio de lo infinito. Cristo te ha creado porque quería tu existencia.

Conozco la forma en que te sientes, esa terrible nostalgia y al mismo tiempo un oscuro vacío. Y sin embargo, Él es quien te ama.

∽✦∾

Nuevamente podemos comprobar que a la Madre Teresa no le importaba la fe que cada quien profesara, su mensaje, aunque católico, siempre era igual e instándonos a acercarnos a Dios y a la Iglesia.

Estas palabras nos brindan esperanza y seguridad en que todo estará bien, que nuestro Padre celestial nos ama y que espera ansioso nuestro contacto. Seguramente las complicaciones a las que ella se refiere son aquellas que nos llevan a pensar y sentir que estamos solos, que Él se ha olvidado de nosotros porque nos deja sufrir. Sin embargo, el sufrimiento y los problemas son necesarios.

CRUZ

El Padre, el jardinero, se ocupa de podar las ramas para que así puedan dar mas frutos, y las ramas, de manera incondicional, con gran amor y silencio, permiten ser podadas. De sobra conocemos el significado de esa poda: sin excepción alguna, en nuestras vidas, debe haber una cruz y cuanto más nos hayamos acercado a Él más fuerte sentiremos esa cruz, y de la misma manera, más íntima y delicada será la poda de aquellas ramas.

CRUZ

Volvemos a hacer hincapié en la importancia del silencio. Las plantas no salen de la tierra haciendo bullicio o produciendo un gran estruendo, simplemente lo hacen en silencio. Las grandes cosas de la vida suceden en silencio, el Sol nace y muere todos los días en el horizonte en absoluto silencio, como un condenado resignado a morir para nacer al día siguiente, mientras la Luna corre en su búsqueda tan sólo para encontrar que otra vez, se ha ido. ¿Se dan cuenta? Todas las cosas tan sutiles y hermosas que suceden en completo silencio.

⚜

Dios es amigo del silencio. Debemos encontrarlo, pero será inútil buscarlo en el tumulto o el bullicio, pues no estará ahí. Observen cómo, en la naturaleza, los árboles, las flores, las plantas crecen en un profundo silencio. Observen al Sol, la Luna y las estrellas, todos ellos se mueven en silencio.

Cuanto más recibamos en nuestra oración silenciosa, asimismo podremos dar en nuestra vida activa, pues el silencio nos permite contemplar todo desde una perspectiva diferente. Precisamos de este silencio para ser capaces de tocar almas. Lo primordial no es lo que nosotros decimos, sino lo que Dios nos dice, y lo que Él dice a través de nosotros.

⚜

Debemos tratar de mantener nuestro ambiente lo más tranquilo posible, sin ruidos extremos, pues esto sólo ocasiona un desequilibrio en nuestros cuerpos y mentes. El silencio es nuestro amigo, y él es el encargado de mantener ese momento íntimo y hermoso en el que podemos hablar con Dios.

⚜

Es en el silencio que Él nos escuchará; ahí Él le hablará a nuestras almas, y es en ese lugar que escucharemos su voz.

Dios es amigo del silencio. Su lenguaje es el silencio. "Permanece quieto y sabrás que Yo soy Dios".

El fruto del silencio es la fe.

El fruto de la fe es la oración.

El fruto de la oración es el amor.

El fruto del amor es el servicio.

Y el fruto del servicio es el silencio.

⚜

La paz e iluminación que podemos encontrar en el silencio y la oración es el combustible que nos ayuda a superar las duras pruebas que la vida nos presenta día con día. Jesús es la esperanza, la certeza de que sin importar los errores que cometamos, siempre podemos contar con Él, que sin importar lo fuerte que sea la tormenta, nunca soltará nuestra mano. Él nos da el regalo de la esperanza todos los días. Sin embargo, debemos trabajar en nuestro interior para estar listos siempre para escucharlo y cuando requiera algún servicio de nosotros, estemos prestos a salir a cumplir sus deseos.

⚜

Tú puedes hacer lo que yo no puedo.

Yo puedo hacer lo que tú no puedes.

Juntos haremos algo maravilloso para Dios.

⚜

A diferencia de lo que suele suceder con algunos padres terrenales, Dios no nos exige tanto como pudiéramos pensar, la única cosa que nos exige es que seamos felices, pues de esa felicidad podemos alimentar a miles de personas todos los días. Algunas circunstancias nos pudieran parecer demasiado difíciles y duras para soportarlas, pensamos que Dios es injusto y que no merecíamos esos sucesos, pero Él trabaja de maneras misteriosas y nos pide que tengamos fe.

⚜

Jesús puede exigirnos mucho, y es exactamente en esos momentos en los que nos exige de manera extrema cuándo debemos ofrecerle nuestra más bella sonrisa.

Dios no exige que yo sea exitosa,
me exige que le tenga fe.

Cuando estamos frente a Dios, los resultados
no son importantes. La fe es lo que realmente
importa.

Nosotros no tenemos expectativas de
realizar acciones espectaculares. Pues no son
importantes, lo que realmente importa es el
grado de amor que seas capaz de poner en cada
uno de tus actos.

Debemos poner toda la fe que seamos capaces de
sentir en cada una de las palabras de nuestras
oraciones, pues no importa que hagamos una que
dure una hora, pues resultan más efectivas las
oraciones pequeñitas pero llenas de amor.

La oración alimenta el alma como la sangre
alimenta el cuerpo, la oración es para el alma y
te acerca mucho más a Dios.

Cuando te encuentres lleno de Dios, realizarás
todo tu trabajo de manera correcta, haciendo tu
labor con el corazón completo.

*Y cuando te encuentres lleno de Dios, realizarás
cualquier cosa de manera correcta.*

*Esto sólo lo podrás hacer si realizas oración, si
sabes cómo orar, si amas hacer oración y si haces
oración de manera correcta.*

*Si negamos la oración y la rama no está
conectada al tronco, entonces la rama morirá.
Esa conexión entre la rama y el tronco es la
oración. Si esa conexión existe entonces el amor
y el júbilo también, y seremos el rayo de Sol
del amor de Dios. La esperanza de la felicidad
eterna, la flama del amor ardiente.*

*Sólo una vez permite que el amor de Dios
tome entera posesión de tu corazón; deja que
se convierta en una segunda naturaleza para
tu corazón; permite que no sufra porque algo
contrario a esta naturaleza quiera entrar;
permite que se esfuerce continuamente para
incrementar este amor de Dios al buscar
complacerlo en todas las cosas sin negarle nada;
permite que entienda que viene de la mano de
Dios todo lo que le sucede; déjalo que sienta la
firme determinación de nunca volver a cometer
un error deliberada o inconscientemente o, si
ha de fallar, que sea lo suficientemente humilde*

para levantarse de nuevo de un solo impulso, y
un corazón así, continuamente hará oración.

∞

Es inmenso el interés que la Madre Teresa puso en que los seres humanos entendiéramos que todos somos hijos de Dios, que somos los niños de una gran y hermosa familia. Cuando nos sentimos mal, tristes, desesperados, decepcionados o desorientados, siempre podemos recurrir a nuestro Padre, de la misma manera que nuestros hijos pequeños lo hacen con nosotros.

Debemos poner más atención en esos pequeños angelitos que Dios nos ha regalado, no existe música más hermosa que la risa de un niño.

∞

¿Cuál fue la buena noticia que Jesús vino a
traernos a este mundo? Que Dios es amor, que
Él nos ama. Que Dios nos ha hecho para cosas
mucho más grandes, para amar y ser amados.
No somos sólo un número en el mundo, ahí
estriba la maravilla de reconocer la presencia del
niño no nato, el regalo de Dios, el mayor regalo
que Él puede hacer a una familia, pues ese niño
es el fruto del amor.

Resulta increíble pensar que Dios ha creado a
cada niño, te ha creado a ti y a mí, a ese hombre

miserable que nos encontramos en la calle. Ese
hombre con hambre, sin ropas, ha sido creado a
Su imagen y semejanza, para amar y ser amado,
no para ser uno más.

En las escrituras Dios nos dice: "Te he llamado
por tu nombre, eres mío, el agua no te ahogará,
el fuego no te quemará, rendiré naciones por
ti, eres sumamente valioso para mí, te amo.
Inclusive si una madre pudiera olvidar a su hijo,
yo no me olvidaré de ti. Te he modelado en la
palma de mi mano."

Esa es la razón por la cual, en cuanto nace un
niño, lo primero que haces es ponerle un nombre.
El nombre por el cual Dios lo ha llamado desde
la inmensa eternidad, para amar y ser amado.

ༀ

La Madre Teresa sentía un gran amor y una gran preocupación por los niños, sabía de la importancia de su educación, de la necesidad que debería sentir la humanidad por convertir a esos niños en personas de bien. Convertir a esos niños en excelentes seres humanos que conservaran su pureza y bondad por siempre. Ella solía contar conmovedoras anécdotas de algunos niños con los que había convivido, historias capaces de enternecer al corazón más duro.

❦

En Calcuta, dentro de nuestras escuelas, siempre
damos de manera gratuita leche y pan a los
niños. En cierta ocasión pude observar que
una de las niñas tomó su pan y lo escondió.
Me acerqué y le pregunte por qué no se comía
su pan, y me contestó: "Mi mamá está muy
enferma en mi casa, y no tenemos para comer,
por eso le quiero llevar mi pan".

Eso es el verdadero amor, el verdadero
compartir, que deberían aprender todos los
niños.

Nunca olvidaré a un pequeño niño hindú
que me dio la lección de amar a lo grande. En
Calcuta no había azúcar, y este niño hindú de
cuatro años de edad escuchó en algún lugar que
desconozco, que la Madre Teresa no tenía azúcar
para sus niños pobres. Entonces fue hasta su
casa y les dijo a sus padres: "no voy a comer
azúcar durante tres días. Voy a dar esa azúcar a
la Madre Teresa".

A los tres días, los padres trajeron al pequeñín
hasta nuestro hogar. En su mano traía un
pequeño frasco con azúcar, la misma que él

no había comido. El pequeño apenas podía pronunciar mi nombre, pero incluso a su corta edad él ya sabía lo que era amar de verdad, porque él amó hasta el dolor. Le dolió privarse del azúcar por tres días. Pero ese niño me enseñó la forma de vivir el amor de manera enorme, pues no importa cuánto damos sino el amor que ponemos en eso que damos.

De Venezuela tengo un recuerdo que jamás olvidaré, fue durante mi última visita a ese país. Una familia de muy buena posición económica había donado los terrenos necesarios para que las Hermanas construyeran un hogar para niños, así que fui personalmente a agradecerles el gesto. Cuando llegué, me encontré con que la familia tenía un hijo, el mayor, que estaba discapacitado de manera terrible. Volteando hacia la madre, le pregunté por el nombre del chico, y ella me contestó: "Profesor de amor. Porque este niño nos enseña todos los días cómo transformar el amor en acción". Aquella mujer tenía una sonrisa hermosa y llena de paz.

De ese niño, que se encontraba desfigurado e imposibilitado de hacer una vida como otro niño, esta familia estaba aprendiendo a amar.

Grandes lecciones se aprenden de los niños todos los días, su bondad, espontaneidad, ingenio, su capacidad de asombrarse de todo. Tan poderosos y al mismo tiempo tan desvalidos, son el anverso de la moneda de la vida, donde del otro lado se encuentran los ancianos. La Madre Teresa se preocupaba muchísimo por la suerte de los adultos mayores, sobre todo en estos días donde ser viejo resulta sumamente difícil y los jóvenes tratan de deshacerse de ellos lo más pronto posible. Resulta una pena que el hombre haya tomado este camino, pues si lo vemos desde el lado laboral, es posible que un anciano ya no tenga el pulso tan firme como lo tenía cuando contaba con veinte años, pero ahora tiene lo que ningún joven posee: experiencia.

൹

¿A dónde van a parar los ancianos hoy en día?
Los internan en instituciones para el cuidado de
los adultos mayores. ¿Cuál es la razón? La razón
es porque ya nadie los quiere, porque se han
vuelto una carga. Hace algún tiempo, recuerdo
que visité a un hermoso hogar para ancianos.
Eran cerca de cuarenta personas en ese lugar y
ahí tenían todo lo necesario, pero aun así nadie
sonreía, todos estaban mirando hacia la puerta.
No había una sola sonrisa en sus rostros, así
que le pregunté a la Hermana a cargo de ellos,
"Hermana ¿por qué estas personas no sonríen?
¿Por qué todas están viendo hacia la puerta?"

*Ella, de manera hermosa me respondió con la
verdad: "Cada día es exactamente lo mismo.
Ellos está esperando que alguien los venga a
visitar". Esto es una gran pobreza.*

ଔଈ୦

Es una tristeza que no nos demos cuenta de
todas las maravillas que nos perdemos al encerrar,
al confinar a nuestros ancianos en estos lugares.

Los ancianos son el fruto de una vida de esfuerzos,
de sacrificios, muchos de ellos lucharon toda su
vida por sacar adelante a sus hijos que, al final,
terminaron deshaciéndose de ellos, olvidándolos
en un asilo de ancianos.

ଔଈ୦

*Nos amaremos los unos a los otros
cuando escuchemos la voz de Dios
en nuestros corazones.*

ଔଈ୦

Es muy posible que este problema se deba en
parte a los mismos ancianos, pues la formación
en familia es donde se debe inculcar el amor y la
unión. La familia de nuestros días debe luchar contra
muchos adversarios, pero sin duda, el más temible
es el tiempo. Las ocupaciones diarias de los padres
hacen que cada vez puedan pasar menos tiempo con
su esposa e hijos, lo que con el tiempo va debilitando

el lazo de amor que los mantiene unidos, así que cuando los hijos crecen terminan deshaciéndose de sus padres en los asilos o simplemente toman su camino y hacen su vida sin importarles mucho lo que suceda con cada miembro de la familia.

ೞ

En estos días, ya no tenemos tiempo ni para poder mirarnos los unos a los otros, para entablar una charla, para disfrutar de la compañía de otro ser humano. Y de esta forma, cada día nos conectamos menos con los demás. La carencia de dulzura y bondad es la causa de que el mundo se esté perdiendo. Por falta de amor, mucha gente se muere, y todo porque todo el mundo está con prisa.

Jesús nació niño para enseñarnos que debemos amar a los niños, pues es en sus ojos que puedo ver el espíritu de la vida, al de Dios mismo.

Es necesario que hagamos sacrificios para proteger la vida. Pero la vida familiar se ha roto. ¡Hay otros tantos antojos! La gente necesita más autos, más artefactos, más comodidades técnicas. Se ha acabado el tiempo para la vida familiar. En cierta ocasión, el Primer Ministro Nebru acudió a inaugurar nuestro Shishu Bavaní, que es el hogar infantil que tenemos en Nueva Delhi,

*cuando entró, se quedó mirando a nuestros
niños abandonados, a todos los que habíamos
recogido de la calle y nos dijo: "Cuiden bien a
estos niños. Es muy posible que alguno de ellos
sea el Primer Ministro de nuestro país
algún día".*

*Me parece que el mundo en estos días está vuelto
loco, y sufre mucho debido a la carencia de amor
en los hogares y en la vida familiar. No tenemos
tiempo para nuestros hijos, no tenemos tiempo el
uno para el otro. Si tal vez lográramos devolver
a nuestras vidas el espíritu de la vida hogareña
que tenían Jesús, María y José en Nazaret, si tan
sólo pudiéramos convertir nuestros hogares en
una copia de aquel hogar, creo firmemente que la
paz y la alegría reinarían por el mundo.*

గ్రఖు

La importancia de la unión de los padres y el
amor que brindan a sus hijos es mucha, pues es lo que
determina el hogar, no me refiero a un departamento
con dos recamaras, ni a una suntuosa casa en las
afueras de la ciudad, sino al lugar donde se vive el
amor y los miembros de la familia se sienten seguros
y amados. La parte más importante de esto recae en
la madre, pues este rol es el más significativo y que
mayor peso lleva dentro de la familia, de ahí que se
diga que la madre es el pilar de la misma.

CRITICAL

En cierta ocasión recogí a un pequeño niño y
lo llevé hasta nuestro hogar infantil; después
de darle un baño, le proporcioné ropas limpias
y lo alimenté, pero al día siguiente se escapó.
Alguien lo encontró y lo trajo de regreso a
nuestro albergue, pero nuevamente se escapó
al día siguiente. Después regresó de nuevo,
entonces me acerqué a una de las Hermanas y le
dije: "Le ruego que si este niño huye de nuevo, lo
siga y no lo pierda de vista hasta que sepamos a
dónde va cada vez que se escapa". Dicho y hecho,
al día siguiente el niño se volvió a escapar por
tercera vez.

La Hermana lo siguió hasta un árbol, debajo del
cual se encontraba su madre. La mujer había
colocado unas piedras bajo una cazuela de barro
y cocinaba algo que haba recogido de los botes
de basura. La Hermana se acercó al niño y le
preguntó: "¿Por qué te escapaste del hogar?",
el niño la observó un momento y le respondió:
"Pero si mi hogar está aquí, pues aquí es donde
está mi madre".

Así es, en ese lugar, bajo aquel árbol se
encontraba su madre y entonces, ahí estaba su

hogar. No importaba nada que hubiera recogido la comida de la basura, porque su madre se la había preparado. Ella era quien tomaba al niño entre sus brazos y lo llenaba de caricias, y el niño ahí tenía a su madre.

Esto mismo es aplicable entre marido y mujer, pues el amor comienza en el hogar y se queda ahí. Es el lugar donde se queda guardado todo el tiempo. Para todos nosotros, el hogar es el primer centro de amor, de devoción y servicio. Es ahí donde comenzamos a hablar con personas que hablan el mismo lenguaje y tienen la misma cultura, y que sin embargo, antes no habíamos intercambiado palabras.

Es un hecho que muy pocos de nosotros viajaremos a Jericó. Nuestra labor se encuentra en la sagrada ciudad en la que hemos venido al mundo, en nuestra propia Jerusalén, donde se erige el Templo de Dios único y verdadero. Es en este lugar donde hemos sido enviados para servirle a Él por medio de nuestros hermanos, en nuestra casa y vecinos más cercanos.

¿Conoces a los miembros de tu familia? ¿Conoces a tus vecinos, a todos aquellos que forman tu comunidad? ¿Te interesan? ¿Haces

lo posible por hacerlos felices? Esto es lo primero
que debes hacer, y entonces piensa en los pobres
de la India o de otras partes del mundo.

⚭

Para poder empezar a pensar en los demás, debemos llenar nuestro ser del amor de Dios, y una vez que eso suceda, Él nos dará la bondad necesaria para poder llevar a cabo su misión de amor y ayuda al prójimo, colocándonos en el lugar donde seamos requeridos.

La Madre Teresa nos indica el camino con su obra y sus consejos.

⚭

Conviértanse en colaboradores de Cristo.
Irradien y vivan Su vida. Sean ángeles llenos de
bondad para todos aquellos que se encuentran
enfermos, un verdadero amigo para los
pequeños, y ámense los unos a los otros como
Dios los ama a cada uno de ustedes, con ese
intenso y especial amor. Sean cariñosos en sus
hogares y buenos con aquellos que los rodean.

Pues es mucho mejor que se equivoquen por
bondad a que obren milagros con el corazón
duro. En muchas de las ocasiones una palabra,
una mirada o una acción diminuta bastará para

que el corazón de los que amamos se llene de
oscuridad y angustia.

CRBO

Pareciera que este consejo es sumamente simplista, pero es más profundo de lo que se percibe a simple vista, pues nos advierte de los errores que podrían hacer sufrir a las personas que amamos, indicándonos que el camino de la bondad es el que nos acerca al amor y nos aleja del sufrimiento y la angustia.

Si logramos mantenernos dentro de estos consejos, podremos llenar nuestra vida de amor y paz. La paz es lo mas difícil de conseguir.

CRBO

Hemos de predicar la paz de Cristo de la misma
forma que Él lo hizo. Sólo haciendo el bien, sin
detenernos. Él no detuvo su obra de caridad
porque los fariseos y otros lo odiaban o querían
estropear el trabajo de Su Padre. Él simplemente
siguió haciendo el bien.

El cardenal Newman, en alguna ocasión
escribió: "Permíteme derramar Tu fragancia por
doquiera que vaya yo. Permíteme predicarte
sin hacerlo, no quiero predicar con palabras
sino con mi ejemplo. Nuestras obras de amor
son obras de paz".

La paz no es un regalo de Dios sino una de sus más estrictas exigencias. Nos pide la paz con nuestro prójimo así como con nosotros mismos, pues la paz es un proceso que comienza dentro de nosotros.

Demos gracias a Dios por su regalo de la paz, que nos hace recordar que fuimos creados para vivir en ese estado, y que Jesús, Su Hijo, se hizo hombre como nosotros en todo, con excepción del pecado; Él anunció con suma claridad que su venida fue para traernos la Buena Nueva.

La Buena Nueva era la paz para todos los hombres de buena voluntad. Pues si hay algo que todos deseamos fervientemente, es la paz del espíritu.

⊂⊃

La paz nunca podrá ser alcanzada por medio de la violencia, la humillación, el miedo y las represalias. La paz se debe alcanzar por medio del diálogo y el pensamiento equilibrado de los seres humanos, olvidándose de territorialismos, egos, historia antigua y perdonando las ofensas que en algún tiempo pudieron haber sufrido. Esa es la clave de la paz.

∞

Olvidémonos de utilizar bombas o armas para
lograr la dominación del mundo. El amor y la
compasión son mucho más efectivos. La paz
inicia con tan sólo una sonrisa. Sonríe por lo
menos cinco veces al día a alguien a quien, en
realidad no desees sonreírle de verdad; pero hazlo
en nombre de la paz.

Debemos irradiar la paz de Dios, y de esa
manera encenderemos Su luz y sofocaremos en
el mundo, así como en el corazón de los hombres,
el terrible odio y la sed de poder.

∞

Por el recorrido de estas páginas hemos leído acerca de los enormes valores de una mujer excepcional, que dejó la vida normal para tomar a Dios en su corazón y con Él como estandarte comenzó una dura batalla contra la injusticia, el hambre, la guerra, la enfermedad y el sufrimiento. Hasta este momento hemos entendido lo que ella nos dejó como guía para convertirnos en mejores seres humanos, hemos leído hasta el cansancio acerca del amor, la bondad y la oración entre otras cosas, pero la lectura no nos hará cambiar, sino la acción.

Al principio caeremos en un estado de angustia y desesperación porque no sabemos con certeza el camino, pero es como apagar la luz de noche súbitamente, los ojos tardan un momento en acostumbrarse a la oscuridad; lo mismo pasa con el bien, los ojos del corazón pueden tardar unos momentos en acostumbrarse a ver en la luz brillante del amor de Dios.

☙❧

Es menester tener la alegría y la libertad de
la pobreza, y compartir el júbilo de amar.
Entregamos mucho y gastamos mucho. Nosotros
vivimos un día a la vez, poniendo nuestra fe
en la divina providencia. Experimentamos
la alegría de la libertad que viene implícita
con la pobreza. Deseamos sentir la alegría de
compartir, pues dar y darse al prójimo siempre
da alegría.

☙❧

¿Libertad en la pobreza? ¿Parece un poco extraño no creen? Pero si algunos de ustedes posee un auto nuevo entenderán muy bien el siguiente ejemplo: ¿Cuántos de ustedes se levantan en la mitad de la noche para revisar que nos les hayan robado el radio del auto o el auto completo, privándose de una noche de sueño reparador, perdiendo la tranquilidad de su descanso por cuidar el bien material que tanto trabajo les ha costado adquirir? ¿Ahora entienden la libertad de la pobreza? Si una persona no posee nada, entonces ¿qué puede perder? ¿Qué le pueden robar? ¡Nada! ¡Absolutamente nada! Es ahí donde estriba la libertad de la pobreza, pues una persona que no posee nada, no puede perder nada, por lo tanto no tiene que cuidar posesión alguna y eso lo hace libre. Esto lo dejó absolutamente claro para sus colaboradoras la Madre Teresa.

CR80

Si alguna de ustedes, Hermanas mías, precisan comprar algo, adquieran lo más barato que encuentren. Debemos ostentar nuestra pobreza con orgullo. Si deben dormir en un rincón por el cual no corre ni una brisa, no hagan notorio su acaloramiento para que los demás sepan cuánto sufren. Es en estas pequeñas cosas que uno puede practicar la pobreza, pues la pobreza nos hace libres. Así podremos mantener siempre nuestra sonrisa y nuestro corazón alegre para Jesús.

Manténganse dentro de las formas más básicas de la pobreza, como reparar sus propios zapatos, acicalarse con lo que poseen, amando a la pobreza de la misma forma que aman a su propia madre. Pues mientras la pobreza verdadera exista, nuestra sociedad también sobrevivirá. En las instituciones en las que la pobreza se practica con un fervor sincero no se tiene por qué sentir miedo por la decadencia. Debemos volvernos

más pobres cada día e ir descubriendo nuevas
maneras de vivir nuestros votos de pobreza.

No perdamos tiempo y energía en adornar y
hacer que nuestras casas se vean más atractivas.
Dios nos libre de esos conventos donde los
pobres sienten miedo de entrar, porque los
hacemos sentir vergüenza de su pobreza.

Las Hermanas vivirán pidiendo limosna.
Dependen total y absolutamente de la caridad de
los demás. Las Hermanas no deben avergonzarse
de ir de puerta en puerta mendigando si eso
fuera necesario. La promesa de Nuestro Señor
fue recompensar el vaso de agua brindado en su
nombre. Es por Él que nos volvemos mendigas.

⊗⊗

La Madre Teresa nos recomienda ese tipo de pobreza, sin llegar a los extremos, pues si nos desprendemos de todas esas cosas que en verdad no necesitamos y gastamos menos tiempo y dinero en banalidades de verdad estaremos haciendo un gran ahorro en nuestra vida y economía. Seguramente la experiencia de la pobreza extrema debe resultar aterradora, debe ser como si nos lanzaran de repente a un río de aguas congeladas, al momento de entrar en ellas perderíamos hasta el aire; de igual forma se debe sentir un marginado que sabe que no tiene un centavo para comprar comida y que ignora si su suerte será buena esa noche al buscar en los botes de basura.

¿Estamos listos para seguir este tipo de consejos? Probablemente no, pero la pregunta nos presenta interesantes resultados, pues seguramente ya imaginaste cómo sería tu vida si estuvieras en esas circunstancias.

Sería sumamente difícil ¿no crees? Resulta impactante como poco a poco, con los comentarios de la Madre Teresa que hemos leído hasta el momento, nos hace darnos cuenta de que nos conocíamos a nosotros mismos muy poco.

ॐ

Fue San Agustín quien dijo: "Es menester que se llenen primero ustedes mismos, y entonces, después podrán ofrecer algo a los demás. Conocernos a nosotros mismos implica la confesión. Esa es la razón por la que los santos fueron capaces de autocalificarse de criminales y malvados. Contemplaban a Dios y se veían a sí mismos, y se percataban de la enorme y abismal diferencia. Es por eso que jamás los sorprendió que los acusaran, aunque fuera de manera totalmente falsa.

Todos y cada uno de nosotros tiene mucha bondad, así como mucha maldad en su interior.

No nos vanagloriemos en nuestros aciertos,
mejor démosle todo el crédito a Dios.

೧೮೩

Así como nos alegramos de nuestros éxitos, debemos ser capaces de detectar y reconocer nuestros errores, pero lo más importante es que una vez que lo hayamos logrado, trabajemos lo necesario para corregirlos para que no sucedan de nuevo.

Para esto es sumamente útil realizar un análisis de nuestro interior de manera periódica.

೧೮೩

Aprender a examinar nuestra conciencia es la
primera lección que nos da el Sagrado Corazón
de Jesús. Este trabajo es una acción conjunta
entre nosotros y Jesús. Que las consideraciones
inútiles de nuestras propias miserias no nos
detengan, mas bien debemos preocuparnos por
elevar nuestros corazones a Dios, hacia su luz.

Debemos mantener en nuestra mente que
somos pecadores, así como todos los demás, que
no tenemos ningún derecho a señalar a nadie
sin importar los errores que esa persona haya
cometido. Lo primero que debemos cuidar es
nuestra lengua, cuyo filo muchas veces supera al
de la espada y puede causar mucho mas daño.

Entre nosotros nos hemos acostumbrado a que algunos creen que tienen todo el derecho y la libertad de decir lo que quieran a cualquiera, sin importar el momento. Tienen la falsa creencia de que las Hermanas están obligadas a soportar todas sus agresiones, pero ¿por qué no nos detenemos un poco a pensar lo que saldrá de nuestra boca?

Todos sabemos lo que somos capaces de aguantar, pero desconocemos el límite de los demás.

Cؒ80

Las palabras tienen un peso terrible cuando se utilizan para herir, pueden sepultar a alguien sin posibilidades de salvación. Pueden causar más heridas que un lapidamiento, y esas heridas tardan muchísimo más tiempo en sanar que cuando se producen en el cuerpo.

Debemos medir bien nuestras palabras y utilizarlas con sabiduría; Dios no nos dio la lengua para que la utilizáramos para el mal, nos la dio para decir cosas hermosas a los demás, para comunicar nuestro amor, Su amor.

Cؒ80

*Nuestra palabra es el medio más rápido y eficaz
para la consideración de nuestro prójimo,
debemos utilizarla para hacer el bien. Si tienes
buena opinión de tu prójimo, podrás hablar bien
de él y con él.*

*Tus palabras serán el espejo que mostrará
la riqueza de tu corazón. Si tu corazón se
encuentra lleno de amor, asimismo tus palabras
lo estarán.*

*Es muy real la violencia que puede alcanzar la
lengua, también muy concreta, pues suele ser
más filosa que la más afilada de las dagas, hiere
y ocasiona amarguras que sólo la gracia de Dios
puede sanar.*

❦

Si has utilizado tu lengua para atacar a tu prójimo, posiblemente te habrás dado cuenta de que te deja un sabor amargo, y una terrible molestia moral que no desaparece rápidamente, además en tu mente está el recuerdo de tus acciones para acosarte y decirte que hiciste algo mal.

Así que si deseas resarcir en lo posible el mal que hiciste y reconciliarte contigo y con esa persona, la Madre Teresa nos dice cómo hacerlo:

CRD

*Es con nosotros mismos que debemos empezar
a reconciliarnos, no con los demás. La
reconciliación inicia cuando tenemos un corazón
limpio, pues éste tiene la capacidad
de ver a Dios en los demás.*

*Es nuestra lengua la parte de nuestro cuerpo
que entra en contacto directo con el cuerpo de
Cristo por medio de la comunión, puede ser un
instrumento de paz y alegría o un instrumento
de pena y dolor. Perdona y pide perdón; excúsate
en vez de acusar.*

CRD

Una de las causas por las cuales solemos inferir heridas con el verbo, es la envidia.

Este horrible sentimiento en cualquiera de sus modalidades es un veneno para el alma, muchas veces sentimos envidia porque una persona tiene algo mejor que nosotros o esa persona lo tiene y nosotros no.

La sentimos porque no sabemos que Dios tiene algo mejor preparado para nosotros y en el momento que estemos listos nos lo entregara, pero si seguimos sintiendo la envidia, ese sentimiento es uno de los que más nos alejan de Dios.

Cuando realmente nos entregamos a la labor que nos es requerida, se tiene que hacer con todo el corazón. La única forma de llevar la salvación a otros, es si somos totalmente honestos y trabajamos con y para Dios.

No es cuánto hacemos lo que importa, sino cuánto amor hemos puesto en esa obra, cuánta honestidad, cuánta fe. No importa el tipo de obra que realizamos, cada quien hace su parte y a su manera.

Pero todos hacemos la labor para la cual Dios nos ha dado la capacidad. Pero lo olvidamos y malgastamos el tiempo contemplando a los demás y con nuestra mente soñando que somos o estamos haciendo algo diferente.

જ્ઞ૪ૉ

La envidia se debe también en parte a que no somos felices con lo que somos porque no hemos podido apreciar lo que en realidad somos, no sabemos las virtudes que poseemos, ni las enormes capacidades de las que gozamos, pero no nos permitimos vernos en nuestro total esplendor ya que optamos por permanecer cegados por el brillo de los demás. Debemos aceptarnos como somos y sacar lo mejor de nuestros regalos divinos. La aceptación es sumamente importante a cualquier nivel.

⊰⊱

Sigan llevando a Jesús a la gente con la que tienen contacto todos los días, no sólo en palabras sino con su ejemplo, mostrando su amor por Jesús, irradiando lo sagrado de Su ser, y permitiendo que fluya Su amor por donde quiera que vayan. Porque su fuerza será la alegría de Jesús.

Hagan su mejor esfuerzo para llenar cuanto hagan con una enorme sonrisa. Háganle patente su entrega a Él, repitiéndole: "Soy todo tuyo, y si Tú me cortas en pedazos, cada pedacito seguirá perteneciéndote solamente a Ti". Debemos permitir que Jesús sea la víctima y sacerdote de cada uno de nosotros.

⊰⊱

Seguramente todas las recomendaciones y consejos que la Madre Teresa nos ha dado a lo largo de este libro le resultaran sumamente difíciles de cumplir, y es también casi seguro que una vez que emprenda el camino a convertirse en un mejor ser humano, la debilidad de la fe y esperanza le harán flaquear hasta el punto de contemplar seriamente la rendición.

La religiosa lo sabía y en sus consejos trató de darnos ánimo y herramientas que nos permitieran seguir adelante con nuestra labor.

Ella dejó en las oraciones de las Hermanas de la Caridad los pasos necesarios para fortalecernos y prepararnos para la difícil labor de acercarnos a lo que Dios quiere de nosotros.

෮෨

Amado Señor, el Gran Sanador,

...me arrodillo frente a ti, pues cada regalo perfecto viene de ti. Te ruego, le des destreza a mis manos, visión clara a mi mente, amabilidad y alegría a mi corazón.

Dame el propósito de singularidad, la fuerza necesaria para levantar la parte que me corresponde de la carga de mis hermanos que sufren, y el privilegio de la realización que es mío.

Toma de mi corazón toda la astucia y lo mundano, permite que con la fe de un niño, pueda confiar en ti.

Amén.

෮෨

CAPÍTULO IX

LA MUERTE DE LA MADRE TERESA

El cansancio y la edad venían menguando su fuerza pero no su voluntad, pues trabajó incansablemente cada uno de sus días, hasta que el 5 de septiembre de 1997, su corazón no aguantó más, fue llamada por Nuestro Señor a descansar a su lado. La muerte la encontró postrada en la casa principal de su Orden, en la ciudad de Calcuta, cuando contaba con 87 años.

El día de su muerte se encontraba ocupada preparando una misa en honor de Lady Di, quien había fallecido hacía poco tiempo antes en un trágico accidente de automóvil. Aunque se esperaba su presencia en el sepelio de la princesa, no le fue posible asistir debido a que su salud se había deteriorado. Entre ambas mujeres existía un lazo muy especial, pues la noble británica siempre trabajó a favor de las causas humanitarias y había visitado recientemente a la religiosa en una de las misiones de su Orden en la ciudad de Nueva York.

La pequeña mujer padecía de una afección cardiaca que la había hecho sufrir desde hacía mucho tiempo atrás; tan sólo unos meses antes, en marzo, renunció a la dirección de su Orden, misma que en ese momento ya contaba con más de 4 000 integrantes en todo el mundo.

Su sucesión fue un asunto que le ocasionó una gran preocupación, pues tras haber caído enferma en 1989, solicitó al Papa ser removida de su cargo, petición que el Santo Padre aceptó, así que se organizó un conclave que duró cuatro días en la ciudad de Calcuta, pero el resultado fue el mismo, la Madre Teresa fue electa nuevamente tras no haberse podido poner de acuerdo en la sucesora.

Tiempo después se realizó un nuevo conclave, esta vez era imperativo ponerse de acuerdo, pues la salud de la fundadora estaba sumamente deteriorada. Entre las candidatas se encontraba la Hermana Frederick, quien había sido la mano derecha de la Madre Teresa toda la vida, sin embargo, tenía en contra su avanzada edad, así que terminó siendo elegida como segunda de la orden.

La cabeza fue ocupada por una mujer hindú de nombre Nirmala, una religiosa que siempre lleva unas gruesas gafas de pasta y que nació en una familia de militares en Ranchi, estado de Bihar, que pertenecía a la más alta de las castas de la India. Su apariencia denota ternura y posee una mirada pletórica de compasión y dulzura, pero también posee una personalidad firme y resuelta, capaz de llevar sobre sus hombros el peso de la importante orden que le estaba siendo encomendada. Al conocer la noticia, la nueva Superiora sólo dijo: "¡Que Dios me dé el valor de llevar a cabo nuestro trabajo con la guía de la Madre Teresa! Por favor, recen por mí".

La Madre Teresa, al enterarse de la elegida para su sucesión, dijo: "Por favor, recen por ella y por todas nosotras, para que sigamos dando el tierno amor y el cuidado de Dios a sus pobres".

Cuando el papa Juan Pablo II se enteró de la noticia del fallecimiento de la religiosa, dijo: "Está viva en mi recuerdo como una humilde persona que dedicó su existencia al servicio de los más pobres entre los pobres, siempre llena de una energía espiritual inagotable". El primer Ministro de la India también realizó declaraciones acerca del fallecimiento de la mujer que tanto bien hizo a ese país: "La Madre Teresa no está ya con nosotros. El mundo, y especialmente India, se ha empobrecido con su muerte. Su vida estaba consagrada a aportar el amor, la paz y la alegría a aquellos que el mundo margina generalmente". También declaró: "Ella ya no está, y millones de personas sienten que se han quedado huérfanas. Yo soy uno de esos huérfanos".

Boris Yeltsin también elogió a la Madre Teresa: "Toda la vida de esta gran mujer fue la brillante encarnación del servicio a los más altos ideales humanitarios de bondad, compasión, entrega y fe. La Madre Teresa permanecerá por siempre en los corazones y en las mentes de los rusos como una amiga de nuestro país, lista para brindar ayuda en cualquier momento".

EL FUNERAL

Tras la muerte de la Madre Teresa, su funeral fue aplazado tres días. En las afueras del convento en el que falleció se podía leer una nota que decía: "La misa de funeral de la Madre Teresa será el trece de septiembre a las 10 de la mañana, pero el lugar será anunciado posteriormente".

El gobierno de la India le brindó un entierro con honores de Estado, la misa se llevó a cabo en la iglesia de Santo Tomás, misma que quedaba a cuatro kilómetros de distancia de la casa donde había fallecido; esa misma distancia se encontraba abarrotada por personas que deseaban verla pasar por última vez en esas calles que tantas veces recorrió a pie, ayudando a los desprotegidos.

El cuerpo fue colocado en una ambulancia cubierta totalmente de flores. Su ataúd llevaba una inscripción que decía: "Nuestra queridísima Madre Teresa, 87 años, RIP". Todo el trayecto fue acompañada por el teñido de las campanas de la iglesia en la que sería celebrada su misa. Tras el vehículo caminaron sesenta Hermanas de su orden. A su llegada al templo, miles de personas se encontraban a las puertas del mismo para darle el último adiós. La policía tuvo que levantar barricadas a las afueras de la iglesia para lograr mantener el orden entre la multitud que había acudido a despedir a su querida religiosa. Se habían organizado filas larguísimas para poder entrar a verla por última vez. La India guardó luto por dos días en honor a ella y la bandera nacional ondeó a media asta en todo el territorio.

Su cuerpo fue enterrado en la Casa Madre de las "Misioneras de la Caridad" e inmediatamente su tumba se convirtió en un lugar de peregrinación y oración para los creyentes de todas las clases sociales.

El Vaticano inició formalmente el proceso de beatificación y posterior canonización de la Madre Teresa de Calcuta, para lo cual se levantó un archivo sobre la vida de la religiosa que constaba de 76 volúmenes y más de 35 000 páginas. La documentación incluyó evidencias de un milagro atribuido a la Madre Teresa, quien curó a una mujer de Bengala Occidental de cáncer estomacal.

Dos años después, el papa Juan Pablo II permitió la apertura de su Causa de Canonización. El 20 de diciembre del 2002 el mismo pontífice aprobó los decretos sobre la heroicidad de las virtudes y sobre el milagro obtenido por intercesión de la Madre Teresa.

LAS FRASES DE LA
MADRE TERESA

☙❧

Ama hasta que te duela.
Si te duele es buena señal.

☙❧

☙❧

A veces sentimos que lo que hacemos es sólo
una gota en el mar, pero el mar sería menos si le
faltara una gota.

☙❧

☙❧

Nuestros sufrimientos son caricias bondadosas
de Dios, llamándonos para que nos volvamos
a Él, y para hacernos reconocer que no somos
nosotros los que controlamos nuestras vidas,

sino que es Dios quien tiene el control, y
podemos confiar en Él.

❦

❦

El amor, para que sea auténtico,
debe costarnos.

❦

❦

El fruto del silencio es la oración. El fruto de la
oración es la fe. El fruto de la fe es el amor. El
fruto del amor es el servicio. El fruto del servicio
es la paz.

❦

❦

La paz comienza con una sonrisa.

❦

❦

Para hacer que una lámpara esté siempre
encendida, no debemos dejar de ponerle aceite.

❦
❦

Dar hasta que duela, y cuando duela,
dar todavía más.

❧

❧

Cada obra de amor, llevada a cabo con todo el
corazón, siempre logrará acercar a la gente a
Dios.

❧

❧

Lo que importa es cuánto amor ponemos en el
trabajo que realizamos.

❧

❧

No des sólo lo superfluo,
da tu corazón.

❧

❧

El que no sirve para servir,
no sirve para vivir.

❧

❧

Cuanto menos poseemos, más podemos dar.
Parece imposible, pero no lo es.
Esa es la lógica del amor.

☙❧

☙❧

Amo a todas las religiones,
pero estoy enamorada de la mía.

☙❧

☙❧

Jesús es mi Dios, Jesús es mi Esposo,
Jesús es mi Vida, Jesús es mi único Amor,
Jesús es todo mi ser,
Jesús es mi todo.

☙❧

☙❧

Sin nuestro sufrimiento, nuestra tarea no
diferiría de la asistencia social.

☙❧

☙❧

Mi sangre y mis orígenes son albaneses, pero
soy de ciudadanía india. Soy monja católica. Por
profesión, pertenezco al mundo entero.

Por corazón, pertenezco por completo
al Corazón de Jesús.

∝∞

∝∞

Para mí, las naciones que han legalizado el
aborto son las más pobres, le tienen miedo a un
niño no nacido y el niño tiene que morir.
Si conoces a alguien que no quiere al niño, que le
tiene miedo al niño, díganle que me lo de a mí.

∝∞

∝∞

(Palabras al recibir el Premio Nobel de la Paz).
No basta con que digamos:
"Yo amo a Dios pero no amo a mi prójimo".
San Juan dice que somos mentirosos si
afirmamos que amamos a Dios
y no amamos a nuestro prójimo.

Es muy importante para nosotros darse cuenta
de que el amor para que sea auténtico tiene que
doler.

∝∞

∝∞

La paz y la guerra empiezan en el hogar. Si de verdad queremos que haya paz en el mundo, empecemos por amarnos unos a otros en el seno de nuestras propias familias. Si queremos sembrar alegría en derredor nuestro precisamos que toda familia viva feliz.

CRÊD

CRÊD

LA VIDA

La vida es una oportunidad, aprovéchala.

La vida es belleza, admírala.

La vida es beatitud, saboréala.

La vida es un sueño, hazlo realidad.

La vida es un reto, afróntalo.

La vida es un juego, juégalo.

La vida es preciosa, cuídala.

La vida es riqueza, consérvala.

La vida es un misterio, descúbrelo.

La vida es promesa, cúmplela.

La vida es amor, gózalo.

La vida es tristeza, supérala.

La vida es un himno, cántalo.

La vida es una tragedia, domínala.

La vida es aventura, vívela.

La vida es felicidad, merécela.

La vida es vida, defiéndela.

ⳇ

ⳇ

Todo en esta vida empieza con sólo una oración.

ⳇ

ⳇ

Si no pedimos a Dios que nos brinde amor,
nunca podremos poseer ese sentimiento

y mucho menos podremos
otorgárselo a los demás.

Veamos que en nuestros días muchas personas hablan acerca de los pobres, sin embargo, ninguna de esas personas en verdad los conoce.

Por lo tanto tampoco nosotros podemos hablar de la oración si aún no sabemos cómo orar.

Es posible para nosotros poder observar en las casas modernas que la luz eléctrica está a nuestra disposición y podemos encenderla con tan sólo presionar un botón.

Sin embargo, si la instalación no se encuentra conectada a la fuente de energía principal, entonces por más que queramos no habrá luz.

Esto es exactamente lo mismo que sucede con la fe y la oración, son la conexión directa con Dios, así que cuando lo logramos, entonces y sólo entonces tendremos esa gracia.

ଓଃ୫୦

Debemos estar completa y absolutamente seguros de permitir que la gracia de Dios se imponga en nuestras almas aceptando lo que Él nos brinde, y ofreciéndole lo que Él decida tomar de nosotros. La verdadera santidad sólo se puede encontrar al realizar la voluntad de Dios con una sonrisa en los labios.

ଓଃ୫୦

ଓଃ୫୦

Nunca debemos intentar controlar los deseos de nuestro Señor.

No debemos ir por ahí contando cada una de las situaciones que nos hace pasar durante nuestro camino, y mucho menos debemos desear una percepción clara y comprobada de cuánto hemos logrado avanzar en el mismo. De esta forma nunca sabremos dónde estamos exactamente en el camino a la santidad.

Vuélvete un ser santo.

Todos nosotros tiene esa capacidad y derecho, y el único camino a la santidad es la oración.

※

※

No nos alejamos, sino que simplemente
ejercitamos el vagabundo espíritu del abandono.
No poseemos nada en qué vivir, sin embargo,
vivimos espléndidamente, no poseemos nada en
que andar, sin embargo, andamos valerosamente;
no poseemos nada en que apoyarnos, pero
sin embargo, podemos apoyarnos en Dios
confidentemente. Porque le pertenecemos
y el Él es nuestro padre generoso.

※

※

Somos pobres por elección propia, para poder
estar al lado de todos aquellos que no tienen
otra opción más que ser pobres. Es así como le
damos la oportunidad a Cristo de que se una
en la pobreza con ellos. Es nuestro lema poder
contemplar en este mundo al Cristo pobre. Ser
Cristo para los desposeídos. Nuestra inspiración
es la pobreza, el amor y la compasión.

Una Misionera de la Caridad, debe, además de
servir a los pobres, renunciarse de manera total
a Dios y confiar plenamente en sus compañeras.

❦

❦

Las oraciones son sumamente necesarias para lograr llevar a cabo la labor de Dios en el mundo, y de esa forma sabremos en cada momento cómo estar disponibles para Él todo el tiempo.

Debemos realizar todos y cada uno de nuestros esfuerzos por caminar en la presencia de Dios, por poder ver a Dios en los rostros de todas las personas que encontramos por el camino, por vivir nuestras oraciones durante todo el día.

❦

❦

De vez en cuando debemos cuestionarnos para poder guiar nuestras acciones.

Deberíamos preguntarnos: ¿conozco a los pobres? ¿Conozco, en primer lugar, a los pobres de mi familia, aquellos que se encuentran más cercanos a mí, personas que son pobres pero no porque les falte el pan de cada día?

Existen otros tipos de pobrezas iguales o más dolorosas porque son más individuales.

Tal vez lo que le falte a mi marido o a mi esposa, lo que le falte a mis hijos, lo que le falte a mis parientes no sean ropas o alimento. Tal vez lo que les falta sea amor, ¡simplemente porque yo no se los he dado!

CᴚBꝅᴑ

CᴚBꝅᴑ

Mi secreto es uno muy simple: yo hago oración.

CᴚBꝅᴑ

CᴚBꝅᴑ

Nosotras tratamos a cada persona como hijo de Dios.

Todas ellas son nuestros hermanos y hermanas.

Les mostramos todo nuestro respeto.

Nuestro trabajo es animar a estas personas, a todos los cristianos así como a los no cristianos, hacer trabajos de amor.

Cada trabajo de amor que realizamos con el corazón lleno acerca más a las personas a Dios.

※

※

Orar es simplemente la forma en que hablamos con Dios.

Cuando Él nos habla, nosotros escuchamos.
Cuando nosotros le hablamos, Él nos escucha.

Es un camino de dos vías: Escuchar y hablar.
Esto es realmente lo que es la oración.
Ambos lados pueden escuchar y asimismo,
ambos lados pueden hablar.

※

※

El amor no subsiste de palabrería, y mucho menos puede ser explicado, en especial el amor a Dios, que viene de Él, que sabe dónde está y lo estremece. Debemos tocar el corazón, y para hacerlo debemos actuar, pues el amor se manifiesta a través de las acciones.

※

※

Realicemos nuestras obras de amor con un amor más grande y mayores resultados. Cada quien en sus labores, en su vida diaria, con todo aquel que le rodea. Pues nuestras obras de amor no son sino obras de paz.

Cʒꝏ

Cʒꝏ

En los pobres recae nuestra esperanza de redención. Todo aquel que sufre hambruna, enfermedad, los marginados; todos ellos serán los testigos en nuestro juicio al testimoniar el amor que les hayamos brindado. Así se convierten en nuestra esperanza y salvación.

Debemos acercarnos a ellos y tratarlos de la misma forma como trataríamos a Jesús. Sin importar de donde vengan o estén, en cada uno de ellos debemos ver a Cristo.

El tiempo que he servido a los pobres me ha permitido entender que precisamente son ellos quienes entienden mejor la dignidad humana. Pues su problema más grande no es el no tener ni un centavo, sino entender que poseen el derecho divino de ser tratados como seres humanos y recibir amor.

Si algunas veces nuestros pobres han sucumbido por el hambre, no ha sido porque Dios se olvidó de ellos, sino porque nosotros, ustedes y yo, no fuimos capaces de dar.

No decidimos ser instrumentos en las manos de Dios para llevar a ellos el pan, la ropa; no hicimos por ver a Cristo cuando, nuevamente, se acercó a nosotros bajo el aterrador disfraz del hombre hambriento, del hombre solitario, el pequeño solitario en busca de calor y pan.

ભ૪૭
ભ૪૭

Cuando nuestro Señor se hallaba en la cruz ya no poseía nada, pues hasta su misma cruz le había sido provista por Poncio Pilatos.

Los soldados suministraron los clavos y la corona de espinas. Desnudo fue como murió, y por si fuera poco le quitaron la cruz, los clavos y la corona.

Un alma caritativa donó la mortaja en la cual fue enterrado en un sepulcro que tampoco era suyo.

Aunque Jesús pudo haber muerto de la misma manera que un rey, Él eligió la pobreza, porque

*en su infinita sabiduría sabía que esa es la forma
de obtener a Dios, de llegar a Su corazón, de
lograr que Su amor venga del cielo a la Tierra.*

CRECO

CRECO

*Existen diferentes tipos de pobreza. En la
India algunas personas viven y mueren en la
hambruna. Pero en Occidente ustedes tienen
otro tipo de pobreza, la pobreza espiritual. Esta
es la peor de todas. Las personas no creen en
Dios, no hacen oración. Las personas no se
preocupan por los demás. Tienen la pobreza
de las personas que no están satisfechas con
lo que tienen, quienes no saben cómo sufrir,
quienes caen en la desesperación. Esta pobreza
de corazón en frecuentemente la más difícil de
aliviar y de derrotar.*

CRECO

CRECO

*Algunas personas le llaman Ishwar, algunas le
llaman Alah, algunas simplemente le llaman
Dios, pero todos debemos reconocer que Él es
quien nos ha hecho para metas mas elevadas:
para amar y ser amados. Lo que realmente
importa es lo que amamos. No podemos vivir sin*

la oración, así que sin importar la religión a la que pertenezcamos, debemos orar juntos.

છ૪ૠ

છ૪ૠ

Ustedes y yo hemos sido creados para fines más elevados. No hemos sido creados simplemente para pasar por la vida sin meta alguna. Y esa meta más grande es amar y ser amados.

છ૪ૠ

છ૪ૠ

El significado de la palabra amor se encuentra tan malinterpretado así como mal utilizado. Una personas le puede decir a otra que la quiere, y al mismo tiempo, tratar de tomar de esa persona cuanto le sea posible, aún cosas que no debería de tomar.

Es en ese momento cuando podemos ver que no es amor verdadero, pues este tipo de amor puede resultar doloroso. Por ejemplo, duele mucho dejar a una persona a la cual amamos.

Aquella persona que contrae nupcias debe renunciar a todo aquello que podría interponerse

al amor con su consorte. La madre que trae al
mundo a un hijo sufre mucho.

Esto mismo sucede con nosotras que hemos
decidido tomar la vida religiosa: para poder
pertenecer completamente a Dios debemos
renunciar absolutamente a todo, pues sólo de
esta manera podemos llegar a amar completa y
verdaderamente.

CR8O

CR8O

Para que el amor logre ser verdadero, debe
costarnos. Nos debe doler. Nos debe ausentar de
nosotros mismos. Pues el cimiento del amor debe
ser el sacrificio. Debemos dar hasta sentir dolor.

Es fácil amar a la gente en la lejanía.
Pero no siempre resulta fácil amar a los que se
encuentran cerca de nosotros.

Es mucho más fácil entregar un tazón de arroz
para aliviar el hambre que aliviar la soledad y
el dolor de alguien que no es amado en nuestros
propios hogares.

*Llevemos amor a nuestras casas porque es ahí
donde amarnos los unos a los otros comienza.*

ભૈ

ભૈ

Hay mucho sufrimiento en el mundo, demasiado.

*Y este sufrimento material se debe al hambre,
el desamparo, a cualquier tipo de enfermedad,
pero sigo creyendo que el mayor sufrimiento de
todos es la soledad, sentir que nadie nos ama y
no tener a nadie a nuestro lado.*

ભૈ

ભૈ

*Cuando las cosas materiales se convierten en
nuestros amos y señores, entonces es cuando
somos verdaderamente pobres.*

ભૈ

ભૈ

*¿Dónde comienza el amor?
En nuestras casas.
¿En que momento comienza el amor?
Cuando oramos juntos.*

ભૈ

❦

No debemos conformarnos con sólo dar dinero;
el dinero no es importante pues es más fácil
de obtener que muchas otras cosas. Lo que los
pobres en verdad necesitan son nuestras manos
para servirlos, necesitan nuestro corazón para
amarlos. La verdadera religión de Cristo es el
amor y la difusión de ese amor.

❦

❦

Ojala no regalen tan sólo lo que tienen de sobra.
Es necesario que también den lo que les cuesta
y resulta difícil regalar, hagan sacrificios,
prescindan de algo que realmente quieran. Sólo
de esa manera su obsequio tendrá valor ante los
ojos de Dios.

Sólo de esa forma serán hermanos y hermanas de
los pobres, de aquellos que no poseen ni siquiera
lo más necesario para vivir.

❦

❦

Todas las cosas que los ricos compran con su
dinero, nosotras las entregamos por amor a

Dios. Si las personas de Estados Unidos no se permite atender las necesidades de otra gente, no podrán sentir nunca en sus vidas la hermosa sonrisa de Cristo.

Lo que reciben les ha sido dado para que los compartan con los demás, no para que lo atesoren y lo guarden.

(380)

(380)

No deseamos lo que la gente nos da de su abundancia. Les estamos permitiendo amar a su prójimo, les estamos dando una oportunidad.

(380)

(380)

Es imperativo que todo aquel que sea cristiano sepa perdonar, pues debemos entender que para poder ser perdonados debemos estar dispuestos a hacer lo mismo por nuestros semejantes. Me vienen a la mente pueblos como Irlanda del Norte, Bangladesh y Amán, aunque existen muchos más, todos ellos podrían conseguir la paz si tan sólo supieran perdonar.

(380)

Nunca deberíamos condenar o emitir rumores acerca de alguien. Mucho menos deberíamos realizar cualquier insinuación que pudiera lastimar a alguien. Tal vez una persona jamás ha escuchado hablar acerca del cristianismo, por lo que desconocemos la forma o el camino que Dios escogió para manifestarse a esa alma y la manera en que Él la está modelando. Así que, ¿quiénes somos para condenar a alguien?

No es preciso ser cristianos para poder perdonar, todos los seres humanos venimos de Dios. Todos sabemos qué significa para nosotros el amor de Dios. Sin importar cuáles sean nuestras creencias, si en verdad deseamos amar es imperativo que aprendamos a perdonar.

Dios es en sí mismo la pureza, por lo que nada que no sea puro puede postrarse ante Él, aunque dudo profundamente que pueda sentir odio, ya que Dios es amor, y nos ama sin importar nuestras deficiencias y pecados.

Él es nuestro amantísimo Padre, así que lo único que tenemos que hacer es volvernos a Él. Pues es incapaz de sentir odio, nos ama, pues Él es el amor, sin embargo, la impureza se levanta como un muro entre nosotros y nos impide contemplar a Dios.

Esto no sólo aplica en los pecados de impureza, sino para cualquier cosa que nos aleje de Él.

Cualquier cosa que nos aleje de la semejanza con Cristo, cualquier rencor que exista en nuestro interior, la falta de caridad, eso también es impureza. Si nos encontramos cundidos de pecado, Dios no puede vivir en nosotros ya que ni siquiera Él puede llenar un espacio que ya se encuentra ocupado por algo más.

Esa es la razón por la cual precisamos del perdón, para desocupar nuestro interior de nueva cuenta, y así Dios nos pueda llenar con su presencia.

CRWO

CRWO

¿Cómo debemos orar? Debemos acercarnos a Dios como si fuéramos niños pequeños. Un niño nunca encuentra dificultades para expresar lo que tiene en su mente en palabras muy sencillas, pero que a su vez dicen tanto.

Si un niño aún no ha sido muy consentido
y no ha aprendido a decir mentiras, dirá
absolutamente todo. A esto es lo que me refiero
cuando les digo que debemos ser como niños.

☙❧

☙❧

Intenta hablar directamente a Dios. Sólo habla.
Cuéntale todo, díselo. Él es nuestro padre, Él
es el padre de todos nosotros sin importar la
religión que profesemos. Debemos poner nuestra
confianza en Él y amarlo, creer en Él, trabajar
para Él. Y si oramos, obtendremos todas las
respuestas que necesitamos.

☙❧

☙❧

Necesitamos ayudarnos entre nosotros en
nuestras plegarias. Liberemos nuestras mentes.
No hagamos largas y agotadoras oraciones,
sólo hagamos pequeñas oraciones pero llenas
de amor. Oremos por aquellos que no lo hacen.
Permítanse recordar que si queremos ser capaces
de amar, entonces debemos ser capaces de orar.

Podemos orar por los trabajos de los demás y así
ayudarles. Por ejemplo, en nuestra comunidad

existen personas que dan su ayuda ofreciendo
sus oraciones por una Hermana que precisa
la fortaleza necesaria para llevar a cabo su
trabajo activo. Asimismo, también tenemos a
los Hermanos y Hermanas contemplativos que
ofrecen oracion por nosotros todo el tiempo.

CRBO

CRBO

Hay personas que, para no orar, alegan que la
vida es tan frenética que no les permite hacer
oración. Esto no puede ser.

La oración no demanda que interrumpamos
nuestro trabajo, sino que continuemos
trabajando como si eso fuera oración.

No es necesario permanecer en estado de
meditación todo el tiempo, ni experimentar
conscientemente que estamos hablando con Dios.
Lo realmente importante es estar con Él,
vivir en Él, en su voluntad.

Dios es la pureza en sí mismo; nada que sea
impuro puede estar en su presencia, pero no creo
que Dios pueda sentir odio, porque Dios es amor
y nos ama a pesar de nuestra condición.

Dios ama porque Él es el amor, sin embargo, la impureza es un obstáculo para ver a Dios.

༄

༄

Nuestras almas deben ser como un cristal transparente a través del cual Dios puede ser percibido.

Nuestro cristal algunas veces se encuentra lleno de suciedad y polvo. Para lograr limpiar este polvo, debemos realizar un profundo análisis de nuestra conciencia para obtener un corazón limpio. Dios nos ayudará a limpiar, tanto como le permitamos hacerlo: si esa es nuestra voluntad, y si lo es, entonces la voluntad de Dios se presentará en cualquier momento.

Mientras más nos vaciamos en nuestro ser, más espacio tenemos para que Dios lo llene.

Cuando no tenemos nada para dar, debemos darle a Dios esa carencia.

༄

༄

*La riqueza, material o espiritual, puede sofocarte
si no es utilizada de manera correcta. Así que
permanece vacío lo más que puedas para que
Dios pueda llenarte por completo.*

*No es cuánto tengamos realmente para dar sino
cuan vacios estemos, para de esa manera poder
recibir plenamente en nuestras vidas. Quita
tu mirada de ti mismo y regocíjate de no tener
nada, de que tú eres nada, de que no puedes
hacer nada.*

*Incluso Dios no puede poner algo
en un lugar que ya se encuentra lleno.
Él no se impone sobre nosotros.*

৩৪

Impreso en los talleres de
Trabajos Manuales Escolares,
Oriente 142 No. 216
Col. Moctezuma 2a. Secc.
Tels. 5 784.18.11 y 5 784.11.44
México, D.F.